1만 시간의 법칙

1만 시간의 법칙

이상훈 지음

THE
10000-HOURS
RULE

위즈덤하우스

29세에 다국적기업 마케팅 부서의 신입사원이 된 김민경(가명) 씨. 그녀가 이곳에 입사하기까지는 순탄하지 않았다. 멀쩡히 다니던 국내 광고회사를 그만두고 대학원에 진학해 경영학을 공부했다. 대학 시절부터 꿈꿔온 마케팅 전문가가 되기 위해서 는 좀 더 배울 필요가 있고 국내기업보다는 전 세계를 상대로 소비재를 파는 다국적기업에 기회가 더 많을 것 같다는 생각 때문이었다. 그런데 경쟁자보다 3~4살은 많은 데다 이미 한 살짜리 아이까지 둔 엄마로서 세미나와 면접 등으로 6개월이 나 걸리는 입사과정을 버텨낼지 미지수였다. 주변에서는 정신 이 나갔다는 소리도 들었다. 그렇지만 꿈을 접을 생각은 전혀 없었다. 오히려 의욕이 커졌다. 미국에서 보낸 교환학생 시절 의 경험도 도전에 자신감을 더해 줬다.

　그녀는 보란 듯이 입사를 했고 하나둘 일을 배운 뒤 팀장이 되자 손대는 제품과 브랜드마다 히트를 쳤다. 생각만큼 반응이 없을 때에는 몇 개월이고 고민을 해서 대안을 찾아냈다. 이 덕분에 고전해오던 한국시장에서 제품 판매가 획기적으로 늘어났다. 그녀는 입사 8년만에 임원으로 승진했고, 입사 15년이 된 지금은 최고의 마케팅 전문가라는 꿈을 이뤘다.

최지안(가명) 씨는 부모님의 극성스러운 지원으로 명문대에 입학해 경영학을 전공했다. 대학을 다니는 동안 경영학 공부를 열심히 하긴 했지만 사실 별다른 적성이나 관심이 있었던 것은 아니었다. 취업이 잘 될 것 같아서 선택한 전공이었다. 회사 역시 적당히 골라서 원서를 냈고 받아주는 곳으로 출근을 하게 됐다. 남들이 부러워하는 직장에 다닌다는 자부심이 있었지만 그런 감정도 딱 1년이 되니 사라졌다. 첫 부서에서 담당한 회계 업무는 너무 따분했다. 재미가 없으니 의욕이 생기지도 않았고 성과가 나올 리도 없었다. 단지 월급을 받기 위해 일할 뿐이었다. 입사한 지 10년이 넘자 연차에 따라 과장으로 승진하긴 했지만 그의 능력은 제자리걸음이었다. 일은 익숙해졌지만 의욕은 없고 지루하기만 했다. 불평만 늘고 게으름을 피우자 자연히 평판도 나빠져 그와 일하고 싶어 하는 부서도 없다. 입사 동기 중에 한 명은 회사에서 보내주는 유학까지 갔다 와서 이사로 승진했다. 내심 부럽기는 하지만 임원은 언제 해고당할지 모르는 임시직원이라며 승진 안 하는 게 회사를 오래 다니는 길이라고 애써 위안을 삼고 있다.

김민경 씨와 최지안 씨. 이 두 사람의 이야기에서 어떤 차이점을 발견할 수 있는가? 무엇이 이 두 사람의 현재 상황을 다르게 만들었을까?

사업을 하든, 운동선수의 길을 걷든, 아니면 직장에 다니든 간에 한 사람이 어떤 분야에서 성공하는 데에는 세 가지가 영향을 미친다. 주변의 지원^{support}과 타고난 운^{luck}, 그리고 투입한 시간^{time}이다.

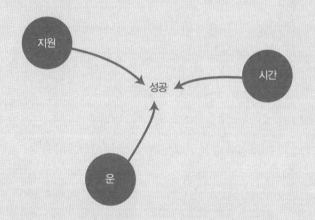

3가지 요인 중에서 지원과 운은 스스로 별다른 노력을 들이지 않아도 성공에 이르게 해줄 수 있다는 점에서 매력적이다. 힘 들이지 않고 원하는 바를 이루게 해주니 구미에 당기지 않을 수가 없다. 다만 지원과 운은 스스로 통제를 할 수 없다는 약점이 있다. 타고나지 않으면 가질 수가 없기 때문에 바란다고 되는 게 아니다. 그냥 주어지는 것이기에 더욱 매력적으로 보이기는 하지만 말이다.

이와 달리 시간은 매력적으로 보이지 않는다. 시간을 활용해 성공에 이르려면 의식적으로 힘든 노력이나 연습이 수반돼야 한다. 더 많이 일하고 더 많이 공부하고 더 많이 뛰어야 하는 만큼 더 많은 수고를 동반한다. 별다른 노력을 들이지 않아도 되는 지원과 운에 비하면 매력이 떨어질 수밖에 없다. 그러나 시간은 스스로 통제가 가능하다. 그저 주어지기를 바랄 수밖에 없는 지원과 운에 비해 시간은 통제할 수 있고 만들 수도 있다. 시간은 또 확실히 보상을 가져온다. 노력과 연습에 들인 시간만큼 결과를 보여준다. 세상 일이 오직 지원과 운에 의해 결정된다면 사람은 좌절할 수밖에 없지만 시간이라는 요인이 있기 때문에 지원과 운이 없는 사람에게도 기회가 생긴다.

시간은 모든 사람이 똑같이 공정하게 지니고 있는 단 한 가지 자산이다. 또한 시간은 갖고 있는 사람이 스스로 선택하여 쓸 수 있는 유일한 자산이기도 하다. 지금까지 성공한 사람들을 살펴보면 대개 한 가지 일을 최소한 1만 시간 넘게 했다는 공통점을 지니고 있다. 1만 시간이 넘게 노력과 연습에 투자해 성공을 이뤘거나 최소한 성공의 발판을 마련했다. 지원도 없고 운도 기대할 수 없었지만 1만 시간의 법칙을 이해하고 이를 활용해 성공을 거머쥔 사람들이다. 가히 성공을 불러오는 '1만 시간의 법칙'이라 부를 만하다. 1만 시간은 하루도 빠짐없이 매일 3시간을 투입하면 대략 10년이 돼야 뽑을 수 있는 긴 시간이다.

문제는 똑같이 1만 시간을 한 분야 또는 한 직장에 쏟아부었더라도 성공하는 사람이 있는가 하면 성과를 내기는커녕 실패자가 되는 사람도 있다는 점이다. 똑같이 1만 시간을 들여 직장에 다니고, 사업을 하고, 운동을 했지만 결과는 천차만별인 것이 현실이다. 무엇이 차이를 만드는 것일까?

이유는 바로 '연습의 질'이다. 연습은 '되풀이하여 익힘'을 의미한다. 한 분야에 1만 시간 이상을 투입했다는 것은 그만큼 많은 연습을 했다는 말이 된다. 똑같이 1만 시간을 들였어도 전문가 반열에 올라서 회사가 붙잡는 핵심인재가 된 사람의 연습과 경쟁기업은커녕 회사 내 다른 부서에서도 환영을 받지 못하는 뒤쳐진 사람의 연습은 분명 질적으로 다르다.

앞에서 예를 든 김민경 씨는 자신이 좋아하는 일을 찾았고, 그것을 위해 목표를 세우고 노력과 연습에 많은 시간을 투자한 만큼 그 결과를 얻었다. 처음에는 지원과 운이 따르지 않았다 하더라도 김민경 씨는 시간이 흐를수록 연습의 질을 높여 꿈을 이룰 수 있었던 것이다. 반면 최지안 씨의 경우 주변의 지원과 운이 작용을 해서 대기업에 무난히 입사하긴 했으나 자신이 좋아하는 일을 발견하지 못했다. 10년을 넘게 일했어도 노력을 쏟아부을 만한 목표가 없다 보니 연습의 질은 떨어졌고 점점 도태될 수밖에 없었다.

성공한 사람은 가장 잘할 수 있는 일에서 뚜렷한 목표를 정해 지독하게 몰두하고 끝까지 버틴다. 한 가지 목표가 이뤄지면 양파껍질을 벗기듯이 남다른 길을 찾아 새로운 도전에 나선다. 그렇기 때문에 실패에 개의치 않고 결코 좌절하지 않는다.

이와 달리 뒤쳐진 사람은 좋아하는 일이나 목표가 분명치 않고 몰두하거나 버티는 시간이 짧다. 작은 성과에 쉽게 만족해 안주하기 십상이며 모르는 일을 두려워하고 과거에 매달린다. 따라서 작은 실패에도 방향을 잃어 쉽게 낙심하고 절망

한다.

　이 책은 크게 두 부분으로 이뤄져 있다. 1부에서는 1만 시간의 법칙이 무엇인지 분석했다. 구체적으로 1만 시간 법칙의 두 종류인 선순환과 악순환을 몇 가지 사례를 들어 설명했다. 2부에서는 연습의 질을 높여 악순환을 피하고 선순환에 올라서는 구체적인 실천법을 7가지로 나누어 소개했다. 최고 전문가 반열에 오른 사람들의 이야기를 바탕으로 실제 활용할 수 있는 방법들을 하나씩 설명하는 데 주력했다.

　이 책은 다양한 인물과 그들의 특징을 다루고 있지만 이 모든 것을 관통하는 핵심은 한 가지다. 질 높은 연습이 천재를 만든다는 것, 즉 1만 시간의 선순환은 바보도 전문가의 반열에 올릴 수 있다는 것이다.

　여기서 소개하는 인물들은 가능한 실명과 실제 벌어진 시점을 그대로 묘사했다. 그러나 관련된 사람들의 명예나 사생활을 침해하는 문제를 만들지 않기 위해 간혹 이름과 시간 등을 바꾸어 구성했음을 밝혀둔다.

이상훈

차 례

PART 1

1만 시간의
법칙

PART 2

1만 시간 법칙
실천전략

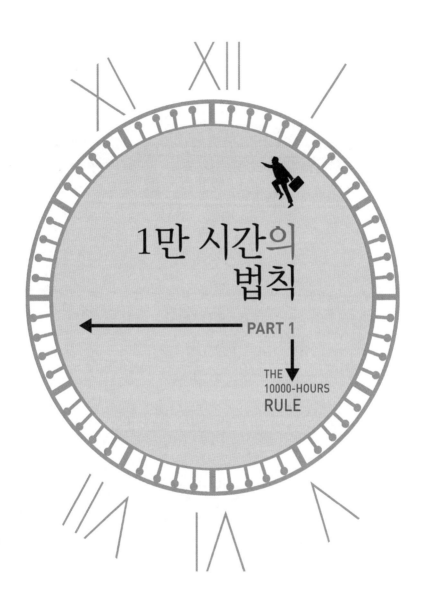

1만 시간의 법칙

PART 1

THE
10000-HOURS
RULE

THE
10000-HOURS
RULE

연습의 위력

지금은 폐기된 유전이론 중 프랑스 진

화론자 J. 라마르크[Lamarck]가 주장한 '용불용설[用不用說, Use And

disuse Theory]'이 있다. 특정 신체 부위를 계속해서 사용하면 환경

에 적응하기 쉽게 발달하고, 반대로 사용하지 않으면 퇴화돼

쓸모없게 된다는 학설이다. 이 이론이 내세우는 증거는 그럴

듯하다. 원숭이의 경우 꼬리를 오랫동안 사용하지 않다 보니

꼬리 힘이 약해지고 길이가 짧아졌으며, 이와 반대로 기린은

높은 나뭇가지에 매달린 잎사귀를 따먹기 위해 목을 계속해서

길게 뽑다 보니 목이 늘어났다는 것이다. 사람에게 적용하자면 야구 투수가 오른팔로 계속 공을 던지면 그 팔만 두꺼워지고 길어진다는 논리다.

일견 용불용설은 그럴 듯하지만 대물림을 설명해야 하는 유전이론으로는 약점이 많다는 비판을 받았고 현재는 인정받지 못하는 과거의 이론이 되었다.

하지만 사람의 능력만큼은 용불용설이 제대로 들어맞는다. 끊임없이 두뇌와 몸을 움직이다 보면 그만큼 지력과 활동성이 발달하는 것이다. 일본에선 한때 80세 이상 고령 노인 사이에 손 근육 운동이 유행한 적이 있다. 색칠하기와 그림 그리기 등으로 손을 끊임없이 놀리면 치매를 예방할 수 있다는 이유였다. 나이가 들어 머리와 몸이 굳어 버린 노인이라도 연습을 거듭하면 기능이 엄청나게 향상되진 않더라도 최소한 퇴화를 막을 수 있다는 게 의료계의 이야기다. 쓰면 쓸수록 발달하고 사용하지 않으면 퇴화한다는 용불용설이 그대로 적용되는 것이다.

국어사전의 정의에 따르면 연습이란 '되풀이하여 익힘'을 말한다. 미국 프로야구 메이저리그에서는 평범한 실력의 투수라 해도 마운드에서 공을 던져 홈플레이트에 이르는 시간이 0.35~0.40초에 불과하다. 타자가 공을 치기 위해 배트를 휘두르는 데 걸리는 시간은 대략 0.25~0.30초 사이이다. 타자의 입장에선 투수가 던진 공을 보고 방망이를 휘두를지 여부를 결정할 시간이 0.1초 남짓에 불과한 셈이다. 눈 깜빡하기도 모자란 시간이지만 타자들은 공을 제대로 쳐낸다. 공이 투수의 손을 떠나는 순간 공의 궤적을 예상해 방망이를 휘두르는 것을 연습한, 즉 되풀이하여 익힌 결과다.

연습을 하면 몸놀림은 물론 두뇌의 능력도 키울 수 있다. 흔히 창의력이란 특출하게 머리가 비상한 사람의 전유물이라 생각하기 쉽다. 손대면 톡 터지는 봉선화처럼 남들은 상상도 못할 기막힌 아이디어를 척척 끌어내는 재주라 여긴다. 그리고 이런 능력은 평범한 사람들은 도저히 따라잡지 못한다고 믿는다. 과연 그럴까?

광고업계만큼 창의력이 요구되는 분야도 드물 것이다. 수만 가지 제품과 서비스로 차고 넘치는 시장에서 소비자들의 눈길을 대번 사로잡는 광고를 만들기 위해서는 남다른 창의성이 필수적이다. 창의력이 뛰어난 천재라면 눈에 번쩍 띄는 광고 문구를 한달음에 뚝딱 만들어낼 수 있을지 모른다. 일순 스쳐간 아이디어를 냅킨에 휘갈겨 쓴 것이 고스란히 '죽이는' 카피와 감동적인 영상이 될 수도 있다. 물론 이처럼 보통 사람과는 차원이 다른 창의력을 자랑하는 사람들이 간혹 있다. 하지만 천재가 아니더라도 오랜 연습을 거치면 창의적인 능력을 얼마든지 발휘할 수 있다.

이에 대한 흥미로운 연구가 있다. 1999년 이스라엘 헤브루 대학 연구진은 연습으로 창의력을 키울 수 있는지를 실험했다. 연구진은 광고제작 지식이 전무한 초보자들을 모아 세 그룹으로 나눠 샴푸 광고를 만들게 했다. 첫 번째 그룹에겐 창의적 광고 제작법에 대한 사전 오리엔테이션이나 연습 없이 샴푸의 상품 정보만 가지고 광고를 제작하도록 했다. 소비자 심사위원단의 반응은 "짜증난다" 일색이었다. 광고의 ABC도 모르고, 연습도 거치지 않은 상태에서 만들어진 결과물이니 당연했다. 두 번째 그룹에겐 창의적 아이디어를 도출하는 방법을 학습토록 한 뒤 광고를 맡겼다. 하지만 이 그룹의 광고 역시 그다지 좋은 평가를 받진 못했다. 첫 번째 그룹보다는 점수가 나았지만 창의성에서는 역시 혹평을 면치 못했다. 방법은 알되 연습이 이뤄지지 않은 결과였다. 마지막 그룹은 창의적인 광고를 만드는 방법을 두 시간 동안 학습한 뒤 두 시간의 연습을 거쳐 광고를 만들었다. 실험 전에는 광고의 '광' 자도 모르긴 마찬가지였지만 결과물에 대해 심사위원단은 대단히 참신하다며 별점을 아끼지 않았다. 두 시간의 연습으로 다른 두 그룹을 완전히 압도하는 창의성을 발휘한 것이다. 연습의 위력은 이처럼 막강하다.

그런데 연습을 통해 성공의 자리로 올라서려면 전제조건이 필요하다. 오랜 기간 꾸준히 지속해야 한다는 것이다. 누구나 결심을 하지만 실천하는 사람은 적고, 실천하는 사람은 있어도 지속하는 사람은 드물다. 최고가 드문 것은 연습을 오래 지속하는 사람이 극소수이기 때문이다. 그렇다면 최고의 경지에 이르려면 도대체 연습을 얼마나 해야 할까? 자신의 분야에서 일가를 이룬 이들의 행적과 이야기를 종합해보면 적어도 1만 시간의 연습이 필요하다. 1만 시간이란 하루 3시간, 1주일에 20시간씩 모두 10년을 훈련하면 채워진다. 하루 6시간씩 투자한다면 5년이 걸린다.

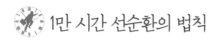# 1만 시간 선순환의 법칙

1만 시간의 법칙에는 선순환의 법칙과 악순환의 법칙이라는 2가지 축이 있다. 우선 선순환의 법칙을 보자.

선순환의 법칙은 간단하다. 좋아하는 일을 꾸준히 연습하면 작은 목표를 성취하게 되고, 이를 통해 자신감을 얻는다. 자신감은 그 일을 더욱 좋아할 수 있도록 해주며 연습에 몰입할 수 있는 의욕도 북돋는다. 이로써 더 큰 목표를 성취하고 자신감도 더욱 단단해진다. 즉 좋아하는 일을 찾아(1단계) 신중한 연습을 하여(2단계) 성취와 자신감을 얻는(3단계) 선순환을 이루는 것이다. 단순하지만 그 효과는 강력하다. 1만 시간의 선순환을 거치고 나면 '고수의 제단'에 오를 자격이 주어진다.

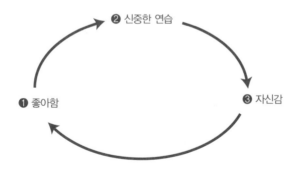

이 선순환은 시간이 지날수록 가속도가 붙는다. 달리기 시작 후 30분 정도가 지나면 고통 대신 행복감이 찾아오는 것처럼 연습도 일정한 기간을 지나고 나면 힘든 줄 모르고 굴러가기 시작한다. 눈사람을 만들 때 처음 눈을 뭉쳐 덩어리를 만드는 것은 어렵지만 일정한 크기가 되면 말 그대로 '눈덩이'처럼 불어나는 것과 같은 원리다. 선순환이 지속될수록 그 효과는 더욱 커지고 속도도 빨라진다.

| 1단계 |

| 1단계 |
좋아하는 일
발견하기

1만 시간의 연습은 3단계로 이뤄진다.

시작점인 1단계는 좋아하는 일을 찾는 것이다. 자신이 좋아하는 일을 할 때는 시간이 가는 것도, 피곤한 것도 모른다. '백만돌이'가 부럽지 않은 에너지가 샘솟는다. 반면에 누가 억지로 시킨 일에는 금세 지루함을 느낀다. 시작한 지 얼마 되지 않아 피로가 몰려오고 애꿎은 시계만 훔쳐보게 된다. 국방부 시계는 거꾸로 걸어 놔도 잘 간다고 자위하며 어서 시간이 끝나기만을 바라기 때문에 어떤 일에 1만 시간을 투자하려면 가장 먼저 좋아하는 대상이 있어야 한다.

전 국민이 축구를 사랑하는 영국과 독일 등에선 초등학교에서부터 거의 매일 축구경기가 열린다. 학교별 리그전과 토너먼트전, 친선경기, 축구협회 경기에 연습경기까지 다양한 타이틀을 걸고 시합이 열린다. 1년 열두 달 축구 경기 일정으로 달력이 빽빽하다. 특이한 점은 모든 학생이 선수로 뛴다는 사실이다. 우리나라 같은 경우 선수를 따로 뽑아 훈련을 시킨 후 대회에 내보내는 것이 보통이다. 하지만 이들 나라에서는 대회마다 출전하는 선수가 다르다. 상식적으론 잘하는 학생만 추리거나 별도로 축구팀을 구성해 대회에 내보내는 것이 유리할 것 같은데 경기에 따라 다른 선수들로 팀을 꾸린다.

물론 이유가 있다. 모두에게 축구를 좋아할 수 있는 기회를 동등하게 주기 위해서다. 모두가 골고루 선수로 뛰게 되면 재능이 있는 아이에겐 경기부담을 덜고 축구를 즐길 여유가, 재능이 없는 아이에겐 대회 출전이라는 잊지 못할 추억이 생긴다. 잘하든 못하든 직접 경기에 임하고 승리와 패배를 체험하면서 평생 축구를 좋아하고 즐길 수 있는 계기를 얻게 되는 것이다. 축구선수가 되든 그렇지 않든 축구를 즐기는 것이 우선이어야 한다는 사회적 분위기 속에 축구는 이들 나라에서 최고의 국민 스포츠가 됐다.

지긋지긋하게 싫은 일을 1만 시간이나 반복하라는 것은 고문이나 다름없다. 아무리 축구에 재능이 있더라도 축구에 대한 애정이 없다면 선수로 대성하긴 어렵다. 최고의 선수로 성장하는 데 필요한 훈련을 견뎌낼 수 없기 때문이다. 최소한의 흥미라도 있어야 1만 시간의 연습을 통과해 성취감을 맛볼 수 있다.

🕐 좋아하는 일도 변한다

'좋아하는 일'이 무엇이냐는 물음에 의외로 선뜻 대답하지 못하는 사람이 많다. 운명적으로 사랑에 빠지게 되는 일을 쉽게 찾는다면 다행이지만 이런 경우는 드문 법이다. 직장인들도 비슷하다. "지금 하는 일이 정말 내가 좋아하는 것일까?" 라거나 "지금이라도 정말 좋아하는 일을 찾아 나서야 하나? 그냥 지금 하는 일에 최선을 다하는 것이 맞을까?" 등의 고민을 토로하는 직장인들이 줄을 서고 있다.

하지만 이런 고민에 앞서 진지하게 짚고 넘어갈 것이 있다. 좋아하는 것이 고정불변이 아니라는 점이다. 무엇을 좋아하게 되는 데는 '지식' '경험' '개인적 특성'이라는 세 가지 변수가 영향을 미친다. 얼마나 알고 있는지, 얼마나 경험했는지, 그리고 남과 다른 나만의 기질이나 취향이 무엇인지에 따라서 좋아하는 것이 달라질 수 있다.

간과해서 안 될 것은 지식과 경험이 시간과 더불어 변한다는 점이다. 시간이 지날수록 아는 것이 축적되고 세상과의 접촉도 확대된다. 이에 따라 좋아하는 것도 계속 변한다. 유아기에 좋아하던 것을 청소년기엔 거들떠도 보지 않게 되거나, 20대 청춘기에 열광하던 것이 30~40대 중년기엔 시시하게 여겨지는 것도 이 때문이다. 선천적 기질과 기호도 경험의 영향을 받는다. '고기도 먹어본 사람이 맛을 안다'는 말마따나 일단 맛을 봐야 기호에 맞는지 아닌지를 판단할 수 있는 것이다.

이런 맥락에서 볼 때 입사하자마자 회사를 그만두는 것은 위험하다. 맡은 일을 좋아하게 될지 아닐지를 판단하기엔 너무 짧은 기간이기 때문이다. 일에 대한 지식도 부족하고 경험도 적은 상황에서 일이 자신의 기질에 맞는지 알기 어렵다.

다시 강조하지만 '좋아하는 것'은 타고난다기보다 시간이 흘러가는 과정에서 만들어진다. 발견된다기보다 드러나는 것이라고 할 수 있다. 고수 반열에 오른 사람들도 마찬가지다. 처음부터 좋아하는 것을 찍어 뛰어든 경우는 거의 없다. 처음에는 외부에서 주어진 일이었지만 지식과 경험을 쌓는 과정에서 관심이 생기고 재미가 붙고 애정을 가지게 됐다는 이들이 적지 않다.

웬만큼 시간을 투자해 몰입을 해봤는데도 여전히 좋아하는 일이 드러나지 않는다면 어떻게 할까? 이럴 때는 자신이 원하는 바를 구체적으로 그려보자. 목표에 도달하기 위해 해야 하는 일이 바로 좋아하는 일이 될 수 있다. 최고의 요리사를 꿈꾸는 사람에겐 요리사가 되기 위해 거쳐야 하는 일이, 성공한 경영자가 되고 싶은 이에겐 경영자로서 갖춰야 할 능력을 키우고 비즈니스를 경험하는 과정이 좋아하는 일이 된다. 생각해보라. 일을 하면 할수록 목표에 다가가게 되는데 좋아하지 않을 이유가 없다. 아무리 멀고 막히는 길이라도 연인을 만나러 갈 때는 운전이 더없이 즐거운 것과 같은 이치다. 정리하자면 원하는 목표에 도달하는 과정이 좋아하는 일이 될 수 있다.

좋아함의 바극

좋아하는 일을 결정하는 단계에서 유의할 점이 있다. '좋아함의 비극'이다. 자신의 능력이나 주변 여건을 전혀 고려하지 않고 좋아한다는 이유로, 또는 좋아한다고 느끼는 이유만으로 어떤 일에 덤빌 때 벌어지는 현상이다. 좋아한다는 느낌을 맹목적으로 추종하다간 실패가 따르기 쉽다.

진로가 어떻게 결정되는지를 연구한 영국의 사회학자 모리스 긴즈버그Morris Ginsberg의 진로발달이론에 따르면 사람은 '환상기' '잠정기' '현실기'라는 3단계를 거쳐 적성과 직업을 찾는다. 환상기에는 스스로 할 수 있는 것과 현실 상황을 제대로 알지 못하는 단계로 자신이 원하면 모든 직업을 다 가질 수 있다고 착각한다. 잠정기에는 자신의 흥미와 능력을 깨닫게 되지만 현실적인 여건이나 한계를 고려하지 못한다. 현실기에 접어들면 흥미와 능력은 물론 여건과 한계를 모두 이해하고 자신에게 가장 적합한 일을 찾게 된다. 긴즈버그의 이론대로라면 사람은 유년기와 청소년기에 환상기와 잠정기를 거쳐, 성인이 되면 현실기에 접어들게 된다. 하지만 실제 현실에서는 어른이 된 후에도 환상기나 잠정기 상태에서 벗어나지 못하는 사람들이 제법 많다. 이런 부류일수록 좋아함의 비극에 빠지기 쉽다.

성인이라면 하고 싶은 일과 할 수 있는 일을 구분할 수 있어야 한다. '좋아함'의 기준에서 본다면 좋아하는 일은 얼마든지 있다. 이 가운데 재능이나 가능성이 없는 일은 제외하고 자신이 잘할 수 있는 일을 추려낼 필요가 있다. 이 때 남들의 시선을 선택의 기준으로 삼아선 안 된다. 자신이 아닌 타인의 기준을 좇아 뛰어든 일로 1만 시간을 버텨내기 어렵기 때문이다.

더불어 아무리 좋아하더라도 재능이 없다면 빨리 포기하는 게 낫다. 불굴의 정신은 큰 미덕이지만 그 정신을 발휘하기 전에 포기할지 여부를 전략적으로 판단하는 작업이 선행돼야 한다.

SWOT 분석으로 좋아함의 비극 피하기

신사업을 앞둔 경영자나 전쟁에 나서는 군사령관이 가장 먼저 할 일은 현 상황을 정확하게 분석하는 것이다. 자신이 지휘하는 조직이나 군대의 능력과 주변 여건을 철저히 분석하고 목표하는 지점을 분명히 정해야 사업에서 성공하고 전쟁에서 승리할 수 있다. 이를 위해 기업과 군대에서 활용되는 기법이 SWOT 분석이다.

SWOT이란 '장점Strength' '약점Weakness' '기회Opportunity' '위

협Threat' 이라는 네 영어 단어의 첫 글자를 모은 것이다. 목표나 공격대상을 향해 돌진하기 전에 조직이나 군대가 보유한 능력 (S)과 약점(W), 기대되는 최선의 결과(O)와 예상할 수 있는 최악의 결과(T)를 분석하고 가능성을 점검한다. 그리고 이를 토대로 전략과 전술을 세운다.

SWOT 분석은 '좋아함의 비극'을 피하는 데도 도움이 될 수 있다. 좋아하는 일이 무엇인지 정해졌다면 SWOT 분석을 통해 그 일에 뛰어드는 것이 성공으로 이어질지, 아니면 비극으로 귀결될지를 상당히 정확하게 예상할 수 있다. 좋아한다고 판단한 일을 놓고 잘할 수 있는 나의 능력(S), 내가 처한 현실적인 제약점(W), 연습을 통해 얻을 수 있는 최선의 결과(O), 예상할 수 있는 최악의 결과(T)를 적어보면 된다.

S .... 나의 능력

W .... 현실적인 제약

O .... 최선의 결과

T .... 최악의 결과

SWOT의 네 가지 요소를 분류했다면 각 요소의 가능성을

따져 비교해본다. S와 W를 비교하고, O와 T를 견주어 보는 것이다. 만약 S의 요소가 W보다 우세하고 O의 가능성이 T의 가능성보다 크다면 그 일에 과감하게 뛰어들어도 된다. 하지만 S보다 W의 영향력이 크고, O보다 T의 가능성이 높다면 좋아함의 비극에 봉착할 공산이 크다는 사실을 명심해야 한다.

예를 들어 뮤지컬 배우를 꿈꾸는 사람이 있다고 가정하자. 오랫동안 간직한 소망이기에 많은 노력을 기울였고, 비록 단역이지만 무대에 설 기회도 잡게 됐다. 그의 춤 실력은 극단의 어떤 배우에게도 뒤지지 않을 만큼 뛰어나다. 그런데 성량과 발성에 문제가 있으며 목소리가 너무 작고 발음도 불분명하다. 이 때문에 그에겐 대사나 노래가 거의 없는 단역만 주어진다. 이대로라면 주연 배우는 고사하고 평생 제대로 된 대사 한 번 못 해본 채 배우 인생을 마칠 수도 있다.

이 사람에게 SWOT 분석을 적용해보자. 그가 좋아하는 일은 뮤지컬 배우다. 이 때 S는 춤 솜씨와 열성적 노력, W는 발성과 성량이다. O는 춤 잘 추는 조연 배우, T는 평생 단역배우다. 뮤지컬 배우라는 목표를 고려할 때 S보다는 W의 영향이 더 크다. 또 현재 상황에 비춰 볼 때 잘 돼 봐야 조연 배우이고 십중팔구는 단역배우에 머물 가능성이 높다. 즉 O보다는 T의 가능성이 큰 것이다. 따라서 뮤지컬 배우라는 꿈을 고집할 경우 좋아함의 비극에 빠질 수 있다.

뮤지컬로 대성하기 어렵다는 현실을 받아들인 그는 춤 실력을 살려 댄서로 성공하겠다는 목표를 다시 세웠다. 실패하더라도 뮤지컬 무대에 서 본 경험이 있으니 최악의 경우 다시 단역 배우로라도 활동할 수 있을 것이다. 다시 SWOT의 돋보기를 대어보자. 우선 S는 춤 솜씨와 열성적인 노력이다. 뮤지컬 배우로 활동한 경력도 여기에 포함된다. W의 경우 특별한 해당 사항이 없다. O는 최고의 댄서로서 이름을 날리거나 안무가로 대성하는 것이며, T는 뮤지컬 단역배우다. 댄서라는 목표만 본다면 S가 W보다 영향이 더 크며, O의 가능성이 T의 가능성보다 커보인다. 즉 '댄스의 제왕'이라는 새로운 꿈을 꾼다면 그가 1만 시간의 연습을 투자할 가치가 충분하다.

| 2단계 |

연습이
유희가 된다

1만 시간 선순환 법칙의 두 번째 단계
는 신중한 연습이다. 좋아하는 마음만 있고 연습을 하지 않으면
성취는 물론 자신감도 얻을 수 없다. 그렇다고 모든 연습이 성
공을 보장하는 것은 아니다. 아무런 의미 없는 단순반복이 아닌
신중한 연습만이 범재를 천재로 만드는 디딤돌이 된다.

신중한 연습에는 두 가지가 필요하다. 우선 몰입해야 한다.
연습을 하되 늘 깨어 있는 상태로 연습에 수반되는 모든 움직임에 신경을 집중해야 한다. 신중한 연습에 실패하는 사람이 많은 이유는 이 단계에서 타성에 빠지기 쉽기 때문이다.

세기의 바이올리니스트로 꼽히는 나탄 밀슈타인^{Nathan Mironovich Milstein}은 어릴 적 스승에게 곡 하나를 제대로 연주하려면 하루에 몇 시간이나 연습해야 하냐고 물었다. 스승은 이렇게 답했다. "아무 생각 없이 손가락만 움직이면 하루 종일 연습해도 모자라지만, 온 신경을 연주에 모으고 손놀림 하나하나에 집중해 연습하면 2~3시간이면 족하다." 다시 말해 연습에 몰입해야 한다는 가르침이었다.

마케팅, 광고 제작, 공동 집필처럼 아이디어가 중요한 업무에서는 종종 브레인스토밍이 활용될 때가 있다. 브레인스토밍^{brainstorming}이란 문자 그대로 머릿속을 폭풍우로 휘젓듯 단숨에 뒤져내 아이디어를 짜내는 방법이다. 여러 명이 정해진 시간 안에 한 가지 주제에 몰입해 갖가지 생각을 모으다 보면 참신하고 혁신적인 아이디어가 나오곤 한다. 각기 다른 장소에서 어영부영 시간을 보내며 아이디어를 찾는 것보다 훨씬 생산적이다. 연습의 효과를 높이려 할 때도 브레인스토밍을 하는 듯한 집중과 몰입이 필요하다.

신중한 연습에는 새로운 방식도 요구된다. 사람들은 무언가를 연습할 때 자신이 이미 알고 있으며, 그동안 해온 방식을 반복하는 경향이 있다. 하지만 신중한 연습을 하려면 기존 방식에 얽매이지 않고 좀 더 효과적인 방식을 찾아내 끊임없이 시도해야 한다. 예전 방식을 답습해서는 과거의 성과를 넘어서기 어렵기 때문이다. 한번 작성한 모범답안을 바이블처럼 여기고 거기에 얽매여서는 연습의 참뜻을 살릴 수 없다. 모름지기 훈련이란 기본을 갖춘 뒤 자신만의 새로운 방식을 덧붙여가는 과정이다. '자신만의 살'을 붙이지 못한다면 차별화된 입지로 도약할 꿈은 접는 게 낫다.

20세기 최고의 발레리나로 손꼽히는 러시아의 안나 파블로바는 발레리나로서는 치명적인 약점을 안고 있었다. 표정과 연기에는 탁월했지만 체력이 약해 역동적인 점프와 회전을 제대로 처리하지 못했다. 한 발로 회전을 할 때면 비틀거리다 중심을 잃기 일쑤였다. 그녀를 가르치던 스승들도 발레리나로 대성하기엔 힘이 부족하다며 안타까워했다.

하지만 파블로바의 생각은 달랐다. '발레리나라면 점프와 회전이 기본이니 남들과 똑같이 해봐야 다를 바가 없다. 체력이 우수한 무용수를 억지로 흉내 내는 대신 나만의 아름다움을 춤으로 보여주자'고 결심했다. 그때부터 파블로바는 다른 발레리나들이 힘찬 도약을 연마할 때 깃털처럼 부드러운 비상에 몰두했고 강한 회전 대신 가냘프지만 우아한 손동작을 만들어 내는 데 집중했다. 오랜 연습 끝에 오른 무대에서 파블로바는 그 누구와도 다른 우아하고 부드러운 춤사위로 관객들을 매료시켰다. 모두가 추구하는 방식을 버리고 자신만의 스타일을 찾아 몰두한 끝에 도달한 화려한 성공이었다.

몰입과 혁신이 어우러진 연습은 즐거움을 수반한다. 연습이 어느 순간 유희가 되는 것이다. 한국을 대표하는 패션디자이너 앙드레 김은 1주일 중 일요일을 가장 싫어한다고 한다. 일하는 것이 가장 즐겁다는 그에게 일요일은 일을 손에서 놓아야 하는 날이기 때문이다. 반대로 가장 좋아하는 요일은 월요일이다. 앞으로 6일 동안 더 아름답고, 더 새로운 의상을 만들 수 있다는 생각에 신이 난다는 것이다. 그에게 연습은 언제나 재미와 즐거운 자극으로 충만한 놀이와 같다.

| 3단계 |
결과 대신
능력을 믿다

1만 시간 선순환 법칙의 세 번째 단계는 자신감이다. 연습은 성취라는 결실을 맺는다. 성취는 일을 지속시키는 원동력이 된다. 기계에 동력이 끊어지면 엔진이 멈추듯 사람은 오랫동안 연습을 해도 성과를 내지 못하면 좌절감에 빠진다. 이로 인한 슬럼프를 막으려면 성취감이 반드시 필요하다.

하지만 모든 일이 뜻대로만 되지 않는다. 연습을 할 만큼 했는데도 성취가 미미하거나 때론 전무할 수도 있다. 이 경우 연

습에 깊이 몰두했던 사람일수록 커다란 실망과 좌절을 맛보게
된다.

이를 방지하려면 자신감의 원천을 '결과'가 아닌 '일을 해
낼 수 있는 능력'에 둬야 한다. 성취여부가 아니라 성취를 만들
어낼 수 있는 가능성과 잠재력에서 자신감을 충전해야 하는 것
이다. 사회적 성취는 개인의 연습만으로 결정되지 않는다. 수
많은 변수가 영향을 미치기 때문이다. 아무리 열심히 연습을
해도 원하는 결과가 나오지 않을 수 있다. 반대로 별다른 훈련
을 하지 않아도 좋은 결과가 얻어지기도 한다. 외적 요인에 흔
들리지 않고 자신감을 유지하려면 연습으로 쌓은 능력을 믿고
의지해야 한다.

야구로 치면 타자의 타율에 비유할 수 있겠다. 타율이 3할대
인 타자는 10번의 타석에서 최소 3번, 4할대라면 10번 중 적어
도 4번의 안타를 때린다. 자신감의 토대가 능력에 있는 사람은
병살타를 날리더라도 유유히 다음 타순을 기다린다. 10번 중
3~4번은 안타를 칠 수 있다는 자신감이 있기 때문이다. 눈앞
의 결과 대신 언젠간 큰 결실을 맺을 수 있는 능력을 믿는 사람
은 결코 포기할 줄 모른다.

영국 국민이 가장 사랑한 정치인 윈스턴 처칠이 옥스퍼드대 졸업식 축사를 맡게 됐다. 위대한 정치가이자 명연설가로 유명했던 처칠이 연사로 설 차례가 되자 학생들은 물론 교수들도 한껏 기대어린 시선으로 무대를 지켜봤다. 느릿한 걸음으로 연단에 올라선 처칠은 굵직한 음성으로 말했다. "포기하지 마십시오." 청중들은 숨을 죽었다.

처칠이 말을 이었다. "절대로 포기하지 마십시오." 그리고 연설은 끝났다. 처칠은 빼어난 유머와 심금을 울리는 호소력을 자랑하는 연설가로 대중들의 사랑을 받았다. 또한 스스로 만족하고 완벽하다 여겨질 때까지 연설문을 고치는 것으로도 유명했다. 그런 그가 옥스퍼드대에선 단 두 마디로 연설을 마쳤다. 이 '포기하지 말라'는 그가 평생에 걸쳐 가슴에 새겼던 삶의 원칙이었다.

처칠은 실제로도 '포기하지 않는 삶'을 살았다. 군인과 정치인으로서도 그의 사전에 포기란 없었다. 처칠은 영국의 귀족가문에서 태어났다. 할아버지는 아일랜드 총독을 지낸 이름난 장군이었고, 아버지는 총리자리를 바라볼 만큼 유망한 정치인이었다. 장남인 처칠은 집안의 기대를 한몸에 받았다. 하지만 처칠은 기대에 부응하기는커녕 나이가 들어갈수록 말썽만 일으켰고 아버지는 아들의 장래에 회의를 품기 시작했다.

'가문'의 힘으로 명문 초등학교에 간신히 입학하였지만, 얼마 못 가 학교 공인 열등생으로 찍히고 말았다. 주요 과목인 라틴어와 수학 시간에는 언제나 딴전을 부리다 야단을 맞기 일쑤였고 당연히 성적은 엉망이었다. 게다가 장난이 심하고 교사에게 대들기를 예사로 했다. 처칠의 학적부에는 '희망이 없는 아이'라는 가혹한 평가가 적혔고 친구들은 그를 멍청이라고 놀려댔다.

가까스로 초등학교를 졸업한 그는 세컨더리스쿨(중·고등학교)에 턱걸이로 입학했다. 입학 후 성적은 계속 바닥권이었고 꼴찌를 도맡았다. 사람들은 가문에 먹칠하는 아들이라며 수군거렸다. 재무장관을 지내던 처칠의 아버지는 아들이 명문대학을 졸업하고 자신의 대를 이어 정치가의 길을 걷기란 불가능하다고 냉정하게 판단했다. 대신 그의 씩씩하고 활달한 성격을 고려해 군인이 되는 것이 오히려 낫겠다고 여겼다. 어려서부터 전쟁놀이를 좋아하던 처칠도 아버지의 제안에 반색을 했다. 엘리트 군인의 필수코스인 육군사관학교가 목표로 부상했다.

그러나 처칠에겐 이마저 쉽지 않았다. 성적이 턱없이 낮았기 때문이다. 두 번의 낙방 끝에 처칠은 세 번째 도전에서야 간신히 육사생도가 될 수 있었다.

이런 전력을 알고 나면 처칠이 훗날 세계적 정치가가 되고 후에 노벨문학상까지 받았다는 사실이 좀처럼 믿어지지 않는다. 하지만 처칠은 남들의 비웃음을 살 때도, 부모의 외면을 받을 때도 자포자기하는 법이 없었다. 꼴찌를 면치 못할 때도 자신은 시험점수에 연연하는 좀생이가 아니라며 호탕하게 웃어넘겼다. 그리고 오히려 남들이 갖지 못한 활발한 성격과 원만한 대인관계를 장점으로 내세우며 자신감을 가졌다.

육사 진학 후 그는 두둑한 배짱과 탁월한 리더십, 그리고 카리스마로 두각을 나타내기 시작했다. 그후 군인으로 살아가면서 온갖 실수와 재난, 사고 속에서도 결코 비관하거나 낙담한 적이 없었다. 또한 정치인으로 새롭게 변신한 뒤에도 선거패배와 인기하락의 어려움을 겪었으나 무너지지 않았다. 결국 처칠은 아버지를 능가하는 세계적 정치가로 당당히 올라섰다.

선순환의 3단계가 지나면 다시 선순환이 시작된다. 대신 반복이 거듭될수록 효과가 커진다. 좋아하는 마음은 더욱 강렬해져 사랑하는 단계로 올라서고, 신중한 연습은 치열한 몰입과 창의적 혁신을 거쳐 유희의 단계로 도약하며, 자신감은 어떤 결과에도 흔들리지 않는 확고함으로 굳어진다.

타성으로 내모는
악순환의 법칙

　　1만 시간 법칙의 한 쪽엔 악순환의
법칙도 존재한다. 선순환이 상승의 법칙이라면 악순환은 추
락의 법칙이다. 싫어하는 일을 마지못해 지속하는 것은 신중
한 연습이 아닌 지겨운 노동이 될 뿐이다. 당연하게도 만족감
이나 성취는 찾을 길 없는 무의미한 반복이 되고, 이는 무기력
과 타성으로 이어진다. 1만 시간 동안 한 분야에서 일을 했더
라도 전혀 성과가 없다면 악순환의 법칙에 빠져 있을 가능성
이 크다. 이 경우 십수 년 같은 업무를 해도 능력은 제자리이

고 직장은 발전의 터전이 아닌 밥벌이를 위한 매개일 뿐이다. 일이 지겨우니 일을 회피하게 되고 능력은 점점 위축된다. 자신감도 실종된다.

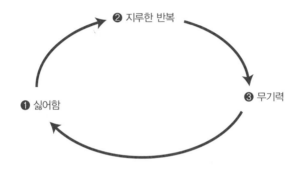

악순환의 법칙은 타성의 굴레로 직행하는 고속도로다. 악순환의 고리에 휘말려서는 1만 시간 아닌 10만 시간을 투자해도 발전을 기대하기 어렵다. '톱'에 오른 사람 중 좋아하지도 않은 일에 10년 이상 몰두한 이가 없고, 무의미한 반복으로 성취를 이룬 경우도 없으며, 무기력한 삶이 성공으로 이어진 사례도 없다. 힘든 고시공부도 선순환의 고리에선 2년 정도면 충분하지만 악순환을 타면 10년을 바쳐도 합격의 문을 열기 어렵다. 이런 악순환을 방치하면 자신도 모르게 타성에 빠지고 삶은 무의미한 일상의 연속으로 전락한다.

이런 악순환의 부작용을 피하려면 일단 그 고리를 끊어야 한다. 선순환으로 바로 갈아타진 못하더라도 일단 그 굴레에서 탈출해야 성공을 모색해볼 수 있다. 자신이 어떤 순환에 속해 있는지 파악하려면 이런 자문이 도움이 된다. 지금 하고 있는 일을 마지못해 하는 것은 아닌가? 아무런 만족감이나 성취감 없이 기계적으로 반복하고 있진 않은가? 십수 년을 회사에 다녔는데도 여전히 일에 자신이 없고 오히려 일이 두려운가? 그렇다면 당신은 지금 악순환에 올라타 있을 확률이 대단히 높다.

악순환의 굴레를 타파하려면 '반면교사법'을 활용하는 것도 도움이 된다. 자기 얼굴에 묻은 티끌은 못 봐도 남의 얼굴에 묻은 티끌은 대번 눈에 띄는 것처럼 자신이 악순환에 빠진 것은 느끼지 못해도 타인이 악순환에 빠진 것은 금세 파악할 수 있기 때문이다.

지금 당장 주변 사람들을 둘러보라. 그리고 동료든 친구든 선순환에 속한 사람과 악순환에 속한 사람으로 분류해보자. 차이가 뚜렷할 것이다. 좋아하는 일을 하는 사람과 싫은 일을 어쩔 수 없이 하는 사람, 신중한 연습을 지속하는 사람과 무의미한 반복을 계속하는 사람, 스스로의 능력을 믿고 난관을 돌파하는 사람과 매너리즘에 빠져 문제를 회피하는 사람은 누가 봐도 확연히 다르다.

분류가 끝났다면 그중 악순환에 빠진 사람을 골라 자신과 비교해보자. 자신이 어떤 쪽에 속했는지 어렵지 않게 판단할 수 있을 것이다.

만약 자신이 악순환에 빠진 사실을 확인했다면 좋아하는 마음을 되찾는 게 급선무다. 이를 위해선 내가 정말 좋아하는 것은 무엇인가, 내가 정말 이루고 싶은 목표는 무엇인가를 진지하게 고민해야 한다. 10년 넘게 한 우물을 팠다면 자신이 간절히 원하는 바가 무엇인지를 구체적으로 그려보고 그 목표에 도달하기 위해 필요한 일을 찾아보자. 바로 그 일이 내가 좋아할 수 있고, 훈련을 집중해야 할 분야다. 일단 이 단계만 넘으면 신중한 연습에 들어갈 수 있고 이는 자신감으로 귀결된다. 선순환으로 갈아탈 티켓을 쥐는 것이다.

선순환으로 고수가 된다

전문가를 뜻하는 영어 단어 expert는 '시도하다' 혹은 '실험하다'라는 의미의 라틴어 experiri에서 유래했다. 수많은 시도와 실험을 반복해 깨달음을 얻은 사람을 전문가라 칭한 것이다. 일본 애니메이션의 거장 미야자키 하야오^{宮崎駿} 감독은 대가로 인정받기 전 셀 수 없이 많은 습작으로 만화의 기본기를 익혔고, 샐러리맨의 신화 윤윤수 휠라그룹 회장은 회사를 차리기 전 10년 이상 무역 일을 하며 비즈니스 생리를 익혔다. 천재 음악가 모차르트는 유아기 때부터 음악에 빠져 살았고, 천재 영화감독 스티븐 스필버그는 10세 무렵부터 카메라를 갖고 놀며 영화를 찍었다. 그리고 1만 시간 선순환 법칙에 따라 최고의 경지에 올랐다.

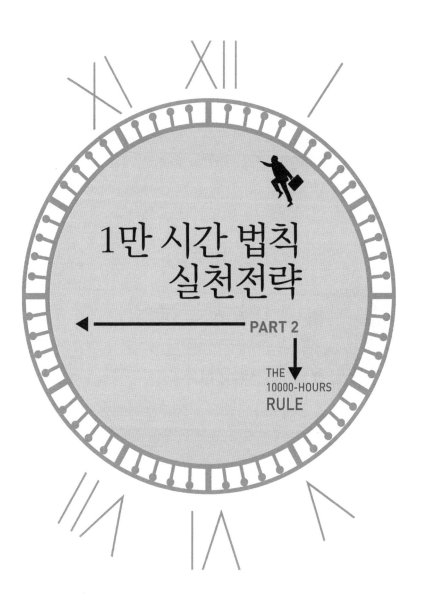

1만 시간 법칙
실천전략

PART 2

THE
10000-HOURS
RULE

머리 좋은 놈이
즐기는 놈
못 이긴다

🕐 30년 교직의 소신

어떤 분야든 '넘버 원'이 되려면 자신의 일을 즐겨야 한다는 사실은 아무리 강조해도 지나치지 않는다.

유학시절 필자의 아이들은 영국 지방도시 리즈^{Leeds}에 자리 잡은 위그톤 무어^{Wigton More} 초등학교에 다녔다. 교외 주택가에 자리 잡은 이 학교는 외관상으로는 허름해보이지만 영국정부가 매년 실시하는 학업성취도 평가에서 200개나 되는 리즈의 초등학교들 중 열 손가락 안에 들 정도로 공부를 잘하는 학교로 꼽히고 있다. 그만큼 아이들을 그곳에 입학시키려는 영국 학부모들이 북적대다 보니 늘 정원을 초과한다. 교실에 들어가 보면 여느 학교와는 분위기가 확연히 다르다. 한 반 아이들 10

명 중 3명 정도가 외국 학생이기 때문이다. 출신 국가는 무려 25개국. 국제학교를 방불케 한다. 이웃한 유럽은 물론 아프리카, 아시아, 북미, 중남미 등 다양한 대륙, 다양한 문화권의 학생들이 매년 이 곳에 입학한다.

또 다른 특징은 선생님들의 열성이 남다르다는 점이다. 교장선생님이 250명이나 되는 학생들의 이름을 모두 외우는 것은 물론 부모나 보호자의 이름까지 외우고 있다. 학교를 방문할 때면 교장선생님이 직접 상담에 나서 아이들의 장단점은 무엇인지, 최근 학교생활을 어떻게 하고 있는지 알려준다. 담임선생님은 매일 아이들의 일지를 개별적으로 작성해 상담 때마다 학부모에게 보여주면서 설명을 한다.

이 학교에서 30년째 교편을 잡고 있는 C. 벨우드 선생님과 대화를 나눌 기회가 있었다. 우리나라로 치면 교감 정도의 위치에 있는 분이다. 그는 아이들의 국적이나 인종, 문화와 관계없이 통용되는 성공의 절대원칙을 발견했다고 말한다. '똑똑한 아이가 부지런한 아이를 못 이기고 부지런한 아이는 즐기는 아이를 넘어서지 못한다' 는 것이다.

공부든 취미든 자신이 하는 일을 좋아하는 아이가 결국 가장 크게 성공하는 것을 지켜본 그는 학생들에게 지식을 많이 가르치기보다 가장 좋아하는 것을 찾도록 돕고 있다. 그것이 아이가 가장 행복하고 가장 성공적인 삶을 살도록 지원하는 길이라고 확신하기 때문이다. 이런 교육관은 다른 젊은 교사들도 공유하고 있어서 아이들이 무엇을 좋아하는지 찾아내는 것을 교사의 최고 의무라 생각한다.

최고의 반열에 오른 사람들의 가장 큰 공통점은 좋아하는 일을 했다는 것이다. 자신이 무엇을 좋아하는지 정확히 알았고 연습했고 성취했다. 좋아하는 일에는 1만 시간을 쏟아부어도 지루할 겨를이 없다. 다시 한 번 기억하자. 좋아하지 않은 일을 하면서 성공한 사람은 없다.

즐김은 모든 것을 이긴다

미야자키 하야오는 〈미래소년 코난〉 〈바람의 계곡 나우시카〉 〈이웃집 토토로〉 〈센과 치히로의 행방불명〉 등을 탄생시킨 일본 애니메이션의 거장이다. 기발한 상상력과 정감어린 화풍, 잔잔한 유머와 인간본질을 꿰뚫는 날카로운 통찰이 빛나는 그의 작품들은 국적을 불문한 남녀노소 관객에게 선풍적인 인기를 끌었다. 덕분에 그는 애니메이션 감독으로는 세계 최초로 2002년 베를린국제영화제에서 최우수작품상을 수상하기도 했다.

'재패니메이션의 살아있는 신화'로 군림하는 하야오지만 어릴 적 모습은 천재와는 거리가 멀었다. 그림 그리기를 좋아했던 소년 하야오는 초등학교 시절부터 손에서 종이와 연필을 놓는 법이 없었다. 틈만 나면 종이에 만화를 그려 가족이나 친구들에게 보여주곤 했으나 반응은 신통치 않았다. 그림 솜씨가 별 볼일 없었던 탓이다. 사실 그의 그림은 만화라기보다는 낙서에 가까운 수준이었다. 하지만 하야오는 주변의 악평에도 불구하고 '낙서질'을 멈추지 않았다. 그리기가 무작정 좋았고 연습을 계속하다 보면 실력이 나아지리라는 믿음 때문이었다.

그는 만화 소재가 떠오르지 않을 때는 《소공녀》《삼총사》《걸리버 여행기》 같은 동화책 내용을 그림으로 옮기곤 했다. 중학교에 진학하면서 하야오는 본격적으로 미술을 배우기 시작했고 고등학생이 되었을 무렵 애니메이션 감독이 되겠다는 결심을 굳혔다. 하지만 부친의 완강한 반대에 부딪친 그는 대학 진학시 미술학부 대신 정치경제학부를 택하게 됐다. 당연히 전공 공부는 뒷전이었고 동아리 활동과 독학으로 만화 그리기에 전념했지만 실력은 제자리걸음이었다. 외국동화를 토대로 그린 만화를 출판사에 보내기도 해봤지만 번번이 되돌아왔다. 그래도 그의 가슴에선 만화에 대한 꿈은 사라지지 않았고 대학 졸업 후 하야오는 토에이라는 애니메이션 회사에 입사했다. 하루 종일 만화를 그리며 돈을 벌게 된 것이다.

당시 토에이는 공동 작업으로 애니메이션을 만드는 회사였다. 유명 감독이 주문한 애니메이션 스토리에 맞춰 직원들이 비슷한 그림을 끝도 없이 그려야 했다. 직원 중 미술대학을 나오고 학창시절 각종 미술상을 휩쓸었던 유능한 인재들은 하품을 해가며 대충 그림을 그렸지만 하야오는 달랐다. 신명이 넘쳤다. 그는 같은 그림이라도 조금씩 다르게 그려보며 더 나은 결과물을 내놓고자 밤을 지새웠다. 여기에 그림을 카메라로 찍어 애니메이션으로 만드는 기술까지 배우느라 쉴 틈이 없었지만 도무지 지칠 줄 몰랐다. 그러는 동안 하야오의 실력은 서서히 자라났다. 토에이에서 10년을 보내는 동안 1만 시간이 넘는 연습이 쌓였음은 물론이다.

그러던 중 하야오는 인생의 전기를 맞게 된다. 선배와 함께 회사를 옮긴 후 유럽의 동화를 애니메이션으로 만들게 된 것이다. 10년간 갈고닦은 실력과 발군의 상상력이 빛을 발하기 시작했다. 〈알프스 소녀 하이디〉 〈엄마 찾아 삼만 리〉 〈프란다스의 개〉 등 주옥같은 명작이 줄줄이 탄생했다. 작품은 연달아 성공을 거뒀고 세계 애니메이션계에 하야오의 이름이 알려졌다. 그러자 일본 NHK에서 〈남겨진 사람들〉이란 SF소설을 애니메이션으로 만들어 달라는 의뢰가 왔다. 몰락한 지구에 남겨진 사람들의 우울한 삶을 그린 소설이었다. 하야오는 원작의 뼈대만 남기곤 상상력을 가미해 작품을 전혀 다른 시각으로 재구성했다. 우리에게도 잘 알려진 만화영화 〈미래소년 코난〉이 탄생하는 순간이었다. 하야오의 이름을 달고 만들어진 첫 작품인 〈미래소년 코난〉은 가히 공전의 히트를 쳤다. 이후 하야오는 성공 비결을 묻는 기자들의 질문에 이렇게 답했다. "나는 만화가 좋았습니다. 애니메이션은 더 좋았지요. 내가 어떤 것을 좋아하는지 알고난 후 다른 것은 생각도 안 했습니다."

하야오가 애니메이션의 거장으로 발돋움한 데는 다양한 요인이 있겠지만 그는 자신이 만화를 진정으로 좋아했다는 점을 첫 손에 꼽았다. 이 덕분에 토에이에서 단순 노동에 가까운 지루한 작업을 하면서도 지칠 줄 몰랐고 남들은 그저 시간 때우기로 그칠 때 조금이라도 나은 작품을 그리기 위해 골몰할 수 있었던 것이다. 이 10년의 세월이 바로 하야오의 독창적인 작품세계의 기반이 됐고 거장의 반열에 오르는 토대가 됐다.

그가 똑똑하기만 했다면 어려운 토에이 시절을 참지 못하고 좀 더 편하고 손쉬운 길을 찾았을 것이다. 만약 그가 똑똑한 데다 부지런하기까지 했다면 힘들어도 꾹 참고 아침부터 밤까지 버티긴 했겠지만 괴로운 노동에 불과했을 것이다. 하지만 그는 똑똑하고 부지런한 데다가 좋아함을 더해 남다른 성공의 길, 즉 최고의 애니메이션 감독으로 올라섰다.

좋아할 때만 덤벼라

어떤 일을 좋아하지 않더라도 열심히 한다면 어느 정도까지는 만족스러운 결과를 낼 수 있지 않을까? 물론이다. 아무리 싫어하는 일이라도 반복하다 보면 일정 수준에 오르게 될 것이다. 하지만 딱 거기까지다. '넘버 원'은 결코 될 수 없다.

미국 프로골프PGA투어는 전 세계 골퍼들의 불꽃 튀는 격전장이다. 내로라는 골프선수 수천 명이 경합해 그중 100여 명만이 투어에 출전할 수 있는 티켓을 쥔다. '선수 중의 선수'들이 벌이는 경쟁인 만큼 볼 3~4개 차이로 1등과 꼴찌가 갈리는 박빙의 승부가 펼쳐진다. 이런 대회에서 세계 최고 수준의 선수들을 제치고 우승을 한다는 것, 그것도 서양인에 비해 체격조건이 열세인 동양인이 우승을 한다는 것은 기적이나 다름없다.

섬마을 볼보이 출신의 골퍼 양용은 선수는 2009년 동양인 최초로 미국 PGA투어 메이저급대회에서 우승하며 기적의 주인공으로 주목받았다. 그것도 전 세계 골프 황제로 군림하는 타이거 우즈를 꺾고 챔피언이 돼 극적 효과를 더했다. 가정 형편이 넉넉지 않았던 양 선수는 골프를 배울 여건이 아니었고, 그렇다고 골프신동도 아니었다. 고등학교 졸업 후 생활비를 벌기 위해 골프연습장 볼보이로 일하던 그는 어느 날부터 어깨너머로 골프를 배우기 시작했다. 늦게 배운 도둑질이 무섭다 했던가. 그에게 골프는 신세계였다. 골프클럽을 잡으면 세상이 내 것인 양 힘이 났고 공을 멀리 날려 보낼 때는 마치 자신이 하늘을 나는 듯했다. 홀아버지는 "골프는 부자들이나 하는 운동"이라며 아들을 만류했지만 그는 악착같은 연습을 거쳐 프로로 데뷔했고 세계 챔피언까지 거머쥐었다.

양 선수는 후일 인터뷰에서 골프로 성공을 꿈꾸는 후배들에게 이렇게 조언했다.

"성공만을 바라고 골프선수가 되는 것은 말리고 싶다. 골프를 즐기며 좋아하고 최선을 다할 각오가 있다면 얼마든지 덤벼보라고 권하고 싶다."

성공하겠다는 의지는 중요하다. 하지만 여기에 즐김이 더해지지 않는다면 성공에 다가설 수 없다. 즐김은 의지보다 강하다.

100대 1의 차이

좋아함의 효과는 심리학계와 교육학계의 단골 연구거리다. 연구결과는 조금씩 달라도 좋아함이 장기적으로 한 사람의 인생에서 큰 차이를 만든다는 핵심만큼은 거의 공통적이다. 미국 예일대에서 이뤄진 '졸업생의 부 증식 현황'에 관한 연구도 그런 예다.

예일대의 스톨리 블로트닉 연구소는 1965년부터 20년 동안 예일대와 하버드대 학생 1,500명의 졸업 후 생활을 파악했다. 이들이 어떤 기준에 따라 직업을 선택했고 사회생활을 통해 얼마나 많은 재산을 쌓았는지를 추적한 것이다. 조사결과 우선 직업선택에 있어서 전체 1,500명 가운데 83%에 해당하는 1,245명은 좋아하는 일보다는 돈을 많이 벌 수 있는 일을 직업으로 택한 것으로 나타났다. 연봉이 직업선택의 가장 중요한 기준이었던 것이다. 반면 나머지 17%(255명)는 보수는 적더라도 좋아하는 일, 꿈과 관계된 일을 업으로 삼았다. 여기까지는 특이할 것이 없다. 요즘처럼 사람이 가진 돈으로 평가받고 '부자' 되기가 지상과제처럼 여겨지며 모두가 재테크 전문가가 돼야 하는 물질만능 시대에 이들 17%의 사람들은 순진함을 지나 모자란 사람들로 보일 정도다.

그러나 20년 후 연구 대상 학생들이 재산을 얼마나 모았는지 파악하니 놀라운 결과가 나왔다. 전체 1,500명 가운데 이른바 백만장자 반열에 오른 사람은 101명이었다. 그런데 이 중 돈벌이를 기준으로 직업을 골랐던 사람은 단 한 명뿐이었다. 나머지 100명은 사회에 발을 디딜 때 자기가 하고 싶은 일을 택했던 사람이었다. 돈을 추구한 그룹과 좋아하는 일을 좇은 그룹이 백만장자가 된 비율은 각각 0.08%대 39.2%. 물론 돈이 성공의 절대적인 척도가 될 수는 없겠지만 '좋아하는 일'을 하는 위력을 엿보기엔 충분한 근거다. 돈을 목적으로 하기 싫은 일을 하기보다는 전심으로 즐길 수 있는 일에 베팅하는 것이 궁극적으로 훨씬 현명한 선택이라는 것을 예일대 연구는 잘 보여준다.

✦ 하고 있는 일을 통해 하고 싶은 일을 살린다

앞에서 계속 강조했듯 좋아하는 일을 하는 것은 중요하다. 하지만 막상 현실에서는 좋아하는 일에 뛰어드는 것이 허용되지 않을 때가 많다. 대표적인 걸림돌이 경제적인 이유다. 먹고사는 문제 때문에 좋아하는 일을 포기해야 하는 것이다. 이 경우 '하고 있는 일'과 '하고 싶은 일'이 달라진다. 주변의 반대에 부딪혀 어쩔 수 없이 하고 싶은 일을 몰래 해야 하는 경우도 있다.

그러나 최고 전문가들은 난관이 아무리 크더라도 진정 좋아하는 일을 하기 위해 바늘구멍만한 돌파구라도 찾아냈다. 그리고 그 구멍을 점점 넓혀 결국 큰 성과를 일궜다. 살면서 좋아하는 일만 할 수 있다면 더 바랄 것이 없겠지만, 상황이 따라주지 않는다면 대안을 찾아 우회하는 것도 방법이다.

장 앙리 파브르Jean-Henri Fabre는 곤충학자의 대명사다. 그가

30년에 걸쳐 완성한 대작 《파브르의 곤충기》는 오랜 세월이 지난 지금까지도 '곤충학의 성경' '문학의 고전'이란 찬사와 함께 전 세계 어린이들의 필수도서 목록 중 한 자리를 차지하고 있다. 파브르에 대해 잘 모르는 이들은 그가 필시 대학이나 전문 연구기관에서 일했으리라 짐작하기 쉽다. 그의 방대한 연구 성과를 볼 때 정식 기관의 지원 없이는 연구가 불가능했을 것 같으니 말이다.

파브르는 어려서부터 총명하고 호기심이 많은 아이였다. 학교 선생님들도 파브르가 학문을 계속한다면 학자로 대성할 수 있을 것이라고 입을 모았다. 하지만 집안이 넉넉지 않았던 파브르는 형편상 상급학교에 진학할 수 없었다. 뛰어난 실력에도 불구, 가난이 발목을 잡았던 것이다. 고민 끝에 파브르는 학비를 면제받을 수 있는 사범학교에 지원했다. 졸업 후 파브르는 초등학교 교사가 됐고 이때부터 그는 곤충연구에 몰두하기 시작했다. 낮에는 학생들을 가르치고 밤늦게까지 곤충을 관찰하고 흥미로운 점을 발견하면 꼼꼼히 기록했다.

곤충연구에 푹 빠진 파브르는 제대로 연구가 가능한 시설과 여건을 갖춘 도시에 있는 학교에서 근무할 길을 찾았다. 당시 뇌물을 쓰지 않고 좋은 학교로 옮긴다는 것은 불가능했다. 얼마 후 그는 도시는커녕 오지나 다름없는 코르시카의 학교로 발령을 받았다. 그러나 실망하지 않고 곤충연구에 계속 몰두하는 한편 식물과 바닷가에 사는 조개, 게 등으로 연구 범위를 넓혔다. 이곳에서 그는 수편의 논문을 발표했고 학계의 호평도 받았다.

곤충연구로 이름을 알리기 시작한 파브르는 연구에 전념하기 위해 대학 문을 두드려봤다. 당시 무보수 명예직이던 교수는 부자에게나 가능한 자리로 파브르처럼 가난한 학자에게는 언감생심이었다. 파브르는 실망하지 않고 교사 신분으로 연구에 박차를 가했다.

자신의 연구 결과를 학자들에게만 전하는 것이 못내 아쉬웠던 파브르는 누구나 참석할 수 있는 시민강좌를 열어 식물과 곤충의 생태를 쉽고 재미있게 들려주기 시작했다. 강좌는 제법 인기를 모았지만 오래가진 못했다. 보수적인 가톨릭계가 들고 일어났기 때문이다. 여성들 앞에서 식물 곤충의 수정 같은 '음란한' 주제를 입에 담았다는 이유였다. 강좌가 폐쇄되는 데서 그 파장이 그치지 않았다. 가톨릭계의 압력으로 파브르는 학교마저 그만둬야 했다.

하루아침에 직장을 잃은 파브르는 그동안 자연을 연구한 내용을 책으로 쓰기로 했다. 소설보다 흥미진진한 자연을 담은 이야기는 꽤 인기를 얻었고 파브르는 책을 판 수입으로 연구를 계속할 수 있었다. 56세가 되던 1879년 그는 필생의 역작인 《파브르의 곤충기》 집필을 시작했다. '곤충학자의 회상'이라는 원제의 이 책에서 그는 곤충들이 눈앞에서 꿈틀거리는 듯 생생한 관찰 기록과 철학적 통찰, 그리고 사색을 시적인 문장으로 써내려갔다. 결국 30년의 산고 끝에 10권에 달하는 방대한 분량의 작품을 완성했다.

파브르는 평생 홀로 곤충을 연구했다. 제대로 된 연구여건도, 변변한 지원도 없었지만 자신이 가고자 하는 길을 스스로 만들어갔다. 그리고 인류의 기억에 위대한 곤충학자로 영원히 남았다.

침팬지가 도구를 사용한다는 사실을 발견해 동물학사에 한 획을 그은 동물학자 제인 구달 박사도 최선 대신 차선을 선택해 자신의 길을 개척한 인물이다. 어려서부터 동물을 사랑했던 구달은 10세가 될 무렵부터 동물의 천국 아프리카에서 평생 동물을 연구하며 살고 싶다는 꿈을 품었다. 파브르와 마찬가지로 구달 역시 집안 형편상 대학에 진학할 엄두를 내지 못했다. 그런 그녀에게 어머니는 비서의 길을 택하라고 권유했다. 비서는 세계 어느 나라에서나 수요가 많으니 아프리카든 어디서든 일을 하며 동물을 관찰할 수 있으리라는 이유에서다.

제인은 당장 그 길로 영국 런던에 있는 비서학교에 들어가 속기와 부기를 배우기 시작했다. 과정을 마친 그녀는 한 대학 행정실에 취직했다. 일이 끝나면 동물 공부에 전념할 수 있었다. 생활비 걱정을 해결한 구달은 틈만 나면 런던 자연사 박물관과 도서관에 파묻혀 동물 관련 지식을 넓혀 나갔다.

간절히 바라면 이루어진다 했던가. 어느 날 구달은 친구의 편지 한 통을 받았다. 친구의 부친이 아프리카 케냐에 농장을 샀으니 놀러오지 않겠냐는 내용이었다. 구달은 뛸 듯이 기뻐했다. 여비를 마련하기 위해 밤낮없이 일한 구달은 몇 달 후 드디어 아프리카행 선박에 올랐고 20일이 넘는 항해 끝에 꿈에 그리던 땅을 밟았다.

구달은 몇 주간 친구 집에서 묵으며 일자리를 알아보기 시작했다. 어머니의 말대로 비서를 구하는 곳은 많았다. 하루 종일 타자기와 씨름하는 일은 즐겁지 않았지만 문을 나서면 살아있는 동물들이 지천이니 그녀는 천국에 온 것만 같았다. 박물관에 진열된 박제된 동물과는 차원이 달랐기 때문이다.

구달은 여기에서 만족하지 않고 좀 더 체계적으로 동물을 연구할 길을 찾았다. 백방으로 수소문한 끝에 당시 케냐에서 원숭이, 침팬지, 고릴라 등의 유인원 화석을 연구하던 리키 박사를 소개받았다. 구달의 열성에 감복한 리키 박사는 그녀에게 박물관 일자리를 주선했다. 그것만이 아니었다. 정식 공부는 하지 않았지만 동물에 대한 애정과 지식이 남달랐던 그녀에게 리키 박사는 침팬지 관찰을 맡겼다. 후일 '침팬지의 어머니'로 알려지게 되고 침팬지 연구의 대가가 될 수 있었던 것은 이런 과정 덕분이었다.

좋아함과 가능함의 조화

힘든 연습 과정을 이겨내고 외부의 평가에 연연하지 않으며 자신의 길을 가도록 만드는 동력은 어떤 일을 좋아하는 것이다. 로미오와 줄리엣이 모두가 뜯어 말려도 사랑을 위해 죽음까지 무릅썼던 것처럼 말이다.

그러나 좋아한다는 사실 만으로 모든 문제를 해결할 수는 없다. 누가 봐도 불가능한 목표를 좋아한다는 이유를 내세워 맹목적으로 좇는 것은 위험천만하다. 싫어하는 일을 지속하는 것도 힘들지만 좋아함이 전제된다 하더라도 불가능한 일을 계속하기도 어렵기 때문이다. 해법은 자신이 좋아하면서도 잘할 수 있는 일로 관심의 범위를 좁히는 것이다. 좋아하지만 실현 가능성이 뒷받침되지 않는 일은 취미로 만족할 사안이지 평생을 걸 대상은 못 된다. 때론 포기하는 능력과 결단력도 필요하다는 이야기다.

덴마크 동화작가 H. C. 안데르센은 좋아함과 실현 가능성을 모두 고려한 덕분에 성공을 거머쥔 인물이다. 전 세계 어린이에게 사랑받는 안데르센은 인종과 종교, 국적을 초월해 누구나 공감할 수 있는 주옥같은 동화들을 130여 편이나 남겼다. 그런데 안데르센이 가장 좋아한 일은 글쓰기가 아닌 노래였고 그의 꿈은 동화작가가 아닌 가수였다. 평소 노래를 좋아하고 재능도 뛰어났던 안데르센은 오페라 가수가 되고자 14세 때 수도 코펜하겐으로 무작정 상경했다. 어렵사리 단역으로 무대에 설 기회를 잡으면서 가수의 꿈을 무럭무럭 키워갔다. 아름다운 노래로 관객에게 즐거움을 주는 오페라 가수 생활은 마냥 행복하기만 했다. 그런데 예기치 못한 불행이 덮쳤다. 생활비를 아끼느라 제대로 먹지도 입지도 않던 그에게 병마가 찾아왔고 병이 나은 후에도 제목소리가 돌아오지 않았다. 목에서 피가 날 정도로 혹독한 재활훈련 끝에 그는 다시 무대에 서게 됐지만 예전 같지 않은 목소리에 연출가와 동료들은 고개를 돌렸다.

최고의 가수가 되겠다는 꿈은 이렇게 물거품이 됐다. 좌절할 수밖에 없었지만 안데르센은 주저앉지 않았다. 대신 그는 펜을 들었다. 노래만큼은 아니지만 글에도 소질이 있던 그였다. 작가를 꿈꾸던 아버지로부터 물려받은 문학적 감수성과 베갯머리에서 할머니와 어머니가 들려주던 옛날이야기를 들으며 키웠던 상상력이 양분이었다. 자존감, 허영심, 오만, 위선 등 인간 욕망을 꿰뚫는 예리한 통찰력도 자산이 됐다. 그는 노래 대신 이야기로 사람들에게 즐거움을 주는 것으로 꿈의 행보를 수정했다.

예상 밖의 불행이 있으면 뜻밖의 행운도 있는 법이다. '사람들에게 즐거움을 선사하고 싶다'는 그의 열망은 행운의 여신을 불러 세웠다. 그의 열정에 감동한 왕립 극장 감독이 후원자로 나선 것이다. 후원자의 도움으로 뒤늦게 공부를 시작한 안데르센은 대학까지 마치며 작가로서 필요한 기본기를 탄탄히 쌓았다. 결국 소설가이자 동화작가로서 전 세계적인 명성을 얻게 되었다.

만약 안데르센이 자신이 제일 좋아하는 노래만 고집하며 오페라 무대를 포기하지 않았다면 어떻게 됐을까. 모르긴 몰라도 그저 그런 오페라 가수로 잊혀졌을 것이다. 물론 세계 어린이들의 마음에 자신의 이름을 새기지도 못했을 것이다.

안데르센이 세계적인 동화작가가 될 수 있었던 것은 좋아함과 실현 가능성을 함께 고려했기 때문이다.

살다보면 좋아하는 일에 무작정 뛰어들고 싶은 충동을 느끼기 쉽다. 좋아하는 일인데도 능력이 안 된다는 것을 인정하는 것 자체가 고통이기 때문이고, 그 고통으로 진실을 외면하기 쉽다. 하지만 아무리 좋아하더라도 성공 가능성이 낮은 일에 뛰어드는 것은 늪으로 다이빙하는 것과 같다.

진정한 성공을 바란다면 때론 버릴 줄도 알아야 한다. 인생은 취미생활이 아니기 때문이다.

결심과 실천과
지속의 세 박자가
성공을 부른다

지르는 사람이 이긴다

나귀 한 마리가 높이 쌓인 건초더미 두 개를 놓고 고민에 빠졌다. 어느 쪽을 먼저 먹어야 할지 도통 결정할 수 없었기 때문이다. 이쪽을 맛보려니 저쪽이 맛나 보이고 저쪽을 먹어치우자니 이쪽이 마음을 당긴다. 우왕좌왕 건초더미 사이를 오가던 나귀는 결국 입맛만 다시다 굶어 죽고 말았다.

이 이야기는 실행은 없이 고민만 하다가 최악의 상황을 맞는 어리석음을 비꼰 우화다. 모름지기 결과가 있으려면 실행이 선행돼야 한다. 머릿속에서 만리장성을 쌓고 입으로 백날 떠들어봐야 아무 일도 일어나지 않는다. 최고의 전문가가 된 사람들은 크든 작든 목표를 향한 계획을 끈질기게 실천한 사람들이다. 심사숙고를 거쳐 결론을 내린 후엔 과감하고 신속하게 실행하는 것이다.

부동산, 주식 등 투자에 관한 지식이라면 이른바 재테크 전문가를 당할 이가 없을 것이다. 세간의 크고 작은 투자정보를 섭렵하고 있을 뿐 아니라 최신 재테크 트렌드도 줄줄이 꿰고 있다. 기업 경영에 관한 지식이라면 경영대학원 교수들을 능가할 이가 없을 터다. 최신 경영이론에 정통하고 전 세계 굴지 기업의 성공과 실패 비결을 청산유수로 분석해낸다.

하지만 시장에서 실제로 돈을 벌고 기업을 제대로 경영하는 사람들은 전문가 그룹과 거리가 멀다. 간혹 이른바 '전문가' 들이 화려한 정보와 지식을 앞세워 직접 투자나 경영 전선에 나서기도 하지만 성공한 사례는 드물다. 혹자들은 이에 대해 "이론과 현실은 다르다"거나 "공부하는 머리와 일하는 머리가 다르다"라는 설명을 덧붙인다. 일면 타당한 분석이지만 그보다 근본적인 이유는 '지르는 사람이 이긴다' 는 단순한 원칙 때문이다. 아는 것과 아는 것을 행동으로 옮기는 것은 전혀 다른 이야기다. 백 가지를 아는 사람보다는 한 가지를 실천하는 사람이 낫다.

웹포털, 인터넷 쇼핑몰, 음원회사, 홈페이지 서비스기업, 동

영상 사이트 등 1990년대 말부터 전 세계적으로 IT기업들이 짧은 기간에 폭발적으로 성장했다. 인터넷과 통신 등 IT산업은 전 업종 중 아이디어 경쟁이 가장 치열한 곳이다. 하룻밤 자고 나면 새로운 기술로 무장한 기발한 제품과 서비스가 등장하고 바로 어제까지 '최신' 소리를 들었던 경쟁 제품과 서비스는 '구식'으로 밀려난다. 때로는 최첨단 기술에 기반을 둔 독보적인 상품이 나오기도 하지만 대부분은 참신한 아이디어가 신제품의 핵심이다. 이런 업종의 특성을 반영하 듯 IT업계 종사자들을 취재하다 보면 번뜩이는 아이디어와 혁신적인 발상에 놀랄 때가 많다.

'경이로운 성장'을 일군 A라는 인터넷 기업에 대해 IT업계 사람들과 토론할 기회가 있었다. 해당 기업의 독보적인 서비스와 성공비결이 화제에 오르자 그 자리에 있던 한 경쟁업체 관계자가 다소 시기 섞인 어조로 말했다.

"그 서비스요? 이 바닥 사람이면 한번쯤은 생각했던 아이디어죠. 저만해도 동료들고 (그 아이디어를 놓고) 몇 번이나 회의까지 한 걸요."

아마 그의 말이 옳을 것이다. A기업이 성공의 발판으로 삼은 아이디어는 IT를 좀 안다는 사람이면 누구나 떠올렸던 것일 수

있다. 하지만 누구나 생각할 수 있는 아이디어를 행동에 옮겨 성
공으로 일궈내는 사람은 따로 있다. A기업 경영진은 남들이 다
아는 아이디어를 실행으로 옮겼고 성공의 레드카펫을 밟았다.

아무리 좋은 생각이라도 머릿속에 머물러 있으면 쓸모가 없
다. 사소한 아이디어라도 실행에 옮길 때 크든 작든 결실을 맺
을 수 있다. 지식이 많은 전문가가 아는 바를 과감히 지르는 실
천가를 절대 당할 수 없는 이유가 여기에 있다.

마음마저 움직이는 지속의 힘

결심은 누구나 할 수 있지만 그것을 실천하는 이는 많지 않다.
더구나 오랜 기간 실천을 계속하는 사람은 더 적다. 성공을 향
한 '시동'을 결심으로 걸었다면 실천이라는 '기어'를 넣고 지
속이라는 '연료'를 넣어야 목적지에 도착할 수 있다.

거듭 강조하지만 지속의 힘을 지렛대로 삼지 않으면 대가의
경지에 오를 수 없다. 반짝 행운으로 단숨에 유명세를 타고 각
광 받을 수는 있지만 이는 모래 위에 지은 집과 같다. 하루아침
에 얻은 결과는 한순간 사라질 수 있기 때문이다. 이와 달리 오

랜 시간을 지속해 얻은 결과는 웬만해선 무너지지 않는다.

요즘 같은 속도의 시대에 꾸준함은 더 두드러진 미덕이 됐다. 세상은 꾸준한 사람을 존경하고 오랜 기간 공들여 한 우물을 판 사람에게 무한한 신뢰를 보낸다. 지속의 힘은 사람의 마음까지 움직일 수 있다.

'노르웨이 라면왕'으로 유명한 이철호 씨는 지속의 힘에 의지해 노르웨이인의 마음을 사로잡았다. 그가 만든 라면 브랜드 '미스터리'는 20년 이상 현지 라면시장을 80% 이상 장악하며 라면을 일컫는 고유명사가 됐다. 또한 이 씨는 '라면왕King of Noodle'이라는 애칭을 얻으며 할리우드 스타 못잖은 유명인사가 됐다. 2000년 노르웨이 오슬로에서 열린 노벨평화상 시상식 때는 수상자인 고故 김대중 대통령이 "미스터 리 조국의 대통령"으로 소개됐을 정도다.

이 씨는 17세 때인 1954년 6.25 전쟁 통에 중상을 입었다. 상처는 날로 악화됐고 의사들은 '생존이 어렵다'며 치료를 포기했다. 그때 한국전쟁에 참전한 노르웨이 의료진이 그가 본국에서 치료를 받을 수 있도록 주선했다. 혈혈단신 노르웨이로 후송된 그는 다행히 부상에서 회복됐고 그 곳에서 새로운 인생을 시작하기로 했다. 최소한 배는 곯지 않을 것이라 생각하고 호텔 식당 청소부로 들어가 낮에는 온갖 궂은일을 도맡아했고 밤에는 눈에 불을 켜고 말을 익혔다. 성실함과 부지런함 덕분에 요리사들의 신임을 얻었고 요리 공부를 하는 동안 그들의 도움을 받을 수 있었다.

이 씨는 요리사로 자리를 잡은 후 우연히 1970년대 초 한국에서 생전 처음 먹어 봤던 라면 맛을 떠올렸다. 노르웨이에서도 라면이 통할 것 같았다. 수차례의 시행착오 끝에 현지인 입맛에 꼭 맞는 라면을 개발했고, 1989년 '미스터리'라는 브랜드로 판로를 개척하기 시작했다. 그러나 낯선 이방인이 들고 온 라면을 팔겠다는 가게는 없었다. 판촉을 위해 찾아간 가게의 주인들은 노골적으로 싫은 기색을 보였고 그는 문전박대를 당하기 일쑤였다. 하지만 이 씨는 '한 번 찍어 넘어가는 나무 없다'던 부친의 가르침을 떠올리며 어제 쫓겨난 가게에 오늘 다시 활짝 웃는 얼굴로 문을 두드렸다. 푸대접과 구박에도 불구하고 임시 판매대 한 귀퉁이에 라면을 진열하고 90도로 허리를 굽혀 감사를 표했다. 3년이 지날 무렵 서서히 상점들의 정식 주문이 늘어나기 시작했고 '미스터리' 라면은 얼마 안 가 전국을 평정했다.

노골적으로 싫은 기색을 보이는 상대방을 한 번은 찾아갈 수 있어도 두세 번, 수십 번 찾아가기란 보통의 인내심으론 어려운 일이다.

노르웨이라는 만리타국에서 성공신화의 주인공이 된 이 씨는 그 비결에 대해 이렇게 고백했다.

"노르웨이 사람들과 일하려면 서둘러서는 안 됩니다. 몇 년이 걸리더라도 꾸준히 안면을 터야죠. 만일 누군가 노르웨이인에게 부탁을 하면 그냥 지나가는 말이라고 생각하는 게 보통입니다. 하지만 1년이고 2년이고 꾸준히 부탁하면 그 진정성을 받아들여 기꺼이 도움을 줍니다."

지속이 전문가를 만든다

기업체 인사담당자들이 가장 많이 찾는 스카우트 대상은 직장 경력 7~8년차다. 대리부터 빠르면 과장을 달고 있는 직장인이다. 이 정도 연차면 실무를 능숙하게 처리할 수 있고 하위직과 간부직을 잇는 가교 역할도 가능해 회사 입장에서는 투입대비 산출이 가장 높다고 할 수 있다.

직장인이 하루 8시간 근무를 한다고 할 때 집중해서 일하는 시간은 대략 6시간 정도다. 한 달이면 120시간, 1년이면 1,420시간이 된다. 8년간 일했다면 1만 1,000시간이 넘는다. '1만 시간의 법칙'에 따라 전문가 대열에 동참할 수 있는 시간이기도 하다.

직장인이라면 입사 당시를 돌이켜보자. 신입사원 시절엔 회사 분위기를 파악하기 바쁘다. 일을 능동적으로 익힌다기보다는 선배들의 일을 모방하는 데 그친다. 그러다 2~3년이 지나면 기본적인 업무를 처리할 수 있고, 4~5년이면 꽤 복잡한 업무도 능숙하게 해결할 수 있다. 이어 6~7년이면 자신 있는 분야가 생기고 7년 이상이 되면 전문가가 된다.

입사 후 업무를 맡으면서 자연스럽게 연습의 과정을 거치다 보면 어느덧 전문가의 모양새를 갖추어 간다. 그리고 '1만 시간의 법칙'에 따라 능력에 날개를 달게 된다.

무역회사 말단 직원에서 다국적 기업의 오너가 된 윤윤수 휠라그룹 회장은 회사를 차리기 전 10년 동안 무역업에 종사했다. 해운공사에서 사회생활을 시작하여 탁월한 영어실력 덕분에 미국 대형 유통업체 J.C.페니Penney에서 일할 기회를 얻게 됐다. 이곳에서 그는 당시만 해도 그다지 소비자들의 호평을 받지 못했던 한국 가전제품을 해외에 수출하는 업무를 맡아 무역 전문가로서의 발판을 다졌다. 10년간 무역으로 한 우물을 파다 보니 국내외 무역의 역학을 꿰뚫어볼 수 있게 됐다. 무역의 물리物理를 깨우친 것이다.

시간의 힘을 지렛대 삼아 무역 베테랑이 된 그는 1984년 라인실업을 설립, 사업가의 길을 걷게 된다. 인형과 신발 판매로 상당한 성공을 거둔 그는 앞서 이탈리아 휠라 본사와의 인연으로 휠라코리아 경영을 맡게 됐다. 유럽과 미국에서 고전을 면치 못하던 휠라지만 한국시장에서만큼은 독보적인 성장세를 과시했다. 윤 회장은 전 세계 휠라 네트워크를 이끌 경영자로 급부상했고 결국 2007년 이탈리아 휠라 본사를 인수하며 휠라그룹 회장에 올랐다. 물론 그 뒤에는 회사를 창업하기 전 10년의 연습이 있었다.

지속은 부지런한 자의 몫이다

당연한 이야기지만 어떤 일을 계속하다 보면 그 일에 투입한 시간의 절대량이 늘어난다. 매일 20분씩 걷기 운동을 한다고 가정하자. 20분이라니 별것 아닌 것 같지만 1년이면 7,300분, 10년이면 7만 3,000분에 이른다. 무려 1,200시간을 걸은 것이다.

시간의 양을 늘리려면 부지런을 떠는 수밖에 없다. 남보다 일찍 하루를 시작하고, 남보다 먼저 도전하고, 남보다 먼저 뛰어들어야 한다. 단순하지만 불변의 진리다.

최이식(가명) 씨는 국내 굴지의 금융회사에서 상무로 일하고 있다. 30대 후반에 상무의 자리까지 올랐으니 초고속 승진을 해온 셈이다. 그 동력은 부지런함이었다. 1993년 금융업계에 발 디딘 그는 곧 능력을 인정받아 1999년 부장, 2000년 총괄팀장으로 승진했고, 2005년에는 지금 회사의 이사로 스카우트됐다. 이후에도 승승장구를 거듭했다. 순수 국내파지만 유창한 영어실력으로 해외 비즈니스에서 눈부신 성과를 올렸고 새로운 금융상품을 개발해 회사 매출에 크게 기여하기도 했다.

금융업계 임원이 되기 위한 필수 스펙으로 여겨지는 외국대학 학위 하나 없이 성공가도를 달린 비결은 두 가지. 몰입과 부지런함이었다. "그다지 자랑할 것 없는 내 스펙으로 살아남으려면 남보다 더 집중해서 일하고 더 많이 뛰어다니는 길 뿐이었다"고 말하는 그는 실제로 사회 초년병 시절부터 종달새형 인간으로 살아왔다. 매일 새벽 5시면 눈을 떴고 7시 30분 회사 업무 시작 전까지 각종 자료를 읽거나 조찬 강연에 참석하며 역량을 키웠다. 그러기를 십수년. 그는 누구보다도 많이 알고 누구보다도 준비된 인재로 활약하고 있다.

2008년 2월 취재를 위해 대기업 임원과 중소기업 최고경영자 72명을 상대로 라이프스타일을 조사한 적이 있다. 당시 설문에는 기상과 출근시간을 묻는 질문도 있었다. 이에 대해 10명 중 7명이 넘는 52명(72%)은 6시 이전에 일어난다고 답했다. 특히 이 중 18명(전체 25%)은 5시 30분 이전에 일어난다고 응답했다. 또 전체 절반을 넘는 37명(51%)이 7시 30분 이전에 출근한다고 대답했으며 7시 이전에 출근한다는 사람도 16명이나 됐다.

설문 대상자의 수가 많지 않아 조사 결과에 대표성을 부여하긴 어렵지만 적어도 기업체 경영진은 '아침형 인간'이 대세라는 사실을 엿보기엔 충분하다. 중요한 것은 이러한 생활패턴이 현재의 위치에 오르기 훨씬 전부터 시작됐다는 사실이다. 설문에서 '아침형 인간'으로 드러난 사람들은 회사 말단 직원이었을 때부터 남보다 일찍 하루를 시작했다고 답했다. 이렇게 확보한 시간에 남보다 더 많은 훈련을 할 수 있었고 그것이 오늘의 입지를 다진 기반이 됐다. 부지런한 이에게 주어지는 시간의 힘은 성공을 좌우하는 결정적인 요소이자 노력 여하에 따라 얼마든지 늘릴 수 있는 무한한 자원이기도 하다.

이른 아침 서울의 유명 호텔에 가보면 각종 조찬 강연과 조찬 모임에 참석하기 위해 모여든 유수 기업체 CEO와 유명인사들을 쉽게 찾아볼 수 있다. 아침 시간을 쪼개 최신 경제 동향을 파악하고 시장에 대한 통찰력을 키우며 다른 기업인과 정보를 교류하는 등 멍하니 흘려보내기 쉬운 아침 한 시간을 알차게 이용하는 것이다. 매일 오전 한 시간씩 1년 동안 조찬 강연에 참가하는 효과는 회사를 수년간 이끌면서 얻는 경험과 맞먹는다고 CEO들은 입을 모은다.

더 많이 뛰면 더 많이 얻는다

우리는 신문, 방송, 인터넷을 통해 하루에도 수천 건씩 쏟아지는 뉴스를 접한다. 정부정책 같은 굵직한 뉴스부터 이름도 들어본 적 없는 나라에서 일어난 요지경류 사건까지 그 종류와

내용도 다양하다. 일반인들은 기자들이 어떻게 저런 소식까지 알고 기사를 쓸까 신기해하곤 한다.

뉴스기사를 쓰거나 영상을 만드는 과정은 분업을 통해 이뤄진다. 공장에서 자동차를 생산하는 방식과 비슷하다(실제로 기자들은 뉴스를 만드는 편집국을 '공장'이라 부른다). 자동차의 경우 협력 업체들이 시트, 문짝, 운전대, 차 유리, 헤드라이트, 계기판 등 수많은 부품을 주문대로 만들어주면 자동차 메이커는 이들을 한곳에 모아 조립한 후 완성차를 생산한다. 뉴스도 비슷하다. 각 언론사들이 자체적으로 취재하는 기사도 많지만 연합뉴스, AP, 로이터 같은 국내외 뉴스통신사 기자들이 각지에서 벌어지는 일들을 먼저 취재한 단독기사(언론사 한 곳만 취재에 성공해 작성된 기사를 의미하며, 큰 반향을 일으킨 단독기사는 특종기사가 된다)를 활용하는 경우도 많다. 통신사가 내보낸 기사를 토대로 추가적인 내용을 취재한 뒤 완성도를 높이거나 때론 뉴스통신사 기사를 그대로 신문에 게재하기도 한다. 방송은 통신사의 기사를 바탕으로 필요한 영상을 담는다. 통신사 기자가 원석을 제공하면 다른 언론사 기자들이 이를 갈고닦아 보석으로 가공하는 셈이다. 알고 보면 매일 나오는 뉴스의 상당수는 통신사의 기사다.

그럼 통신사 기자들이 타사 기자들보다 더 많은 기사를 찾아내는 비결은 뭘까? 더 똑똑해서? 아니면 더 많은 지원을 받아서? 답은 바로 시간의 힘이다. 통신사 기자들은 보통 오전 7시가 되기 전 일을 시작한다. 한 발 먼저 취재원과 접촉해 그날의 이슈를 챙기고 기사로 만든다. 또한 늦은 밤 시간까지 발생하는 일들을 모두 챙겨 기사화한다. 통신사 기자는 기자실에 가장 먼저 도착하고 가장 늦게 기자실을 떠나며 가장 많은 보도 자료를 접하고 가장 많은 취재원을 만난다. 남들보다 많은 시간을 투자하기 때문에 더 많은 기사를 쓴다.

안철수 카이스트 석좌교수는 대학생들이 가장 좋아하는 유명 인사 중 하나다. 그는 앞날이 창창한 의사의 길에서 벗어나 아무도 눈여겨보지 않던 백신 소프트웨어 분야를 개척했다. 벤처기업 CEO로서 성공의 길을 갈 때 안주하기보다는 새로움을 찾아 배움을 선택했고, 이제 학생들을 가르치는 자리에 올라섰다.

상식을 넘어서는 선택과 도전으로 그는 누구보다 앞서 나갔고 이제 성공이란 말이 누구보다 잘 어울리는 사람이 됐다. 그만큼 그의 인생 궤적과 말, 행동은 늘 사람들의 관심사다.

그의 군 입대에 관한 일화가 있다. 입대하기 전날 그는 남들처럼 가족, 친구들과 아쉬움을 달래는 대신 방에 틀어박혀 컴퓨터 바이러스 분석에 매달렸다. 백신을 만든 다음 입대를 하려고 밤새 백신 개발에 매달렸고 결국 훗날 백신소프트웨어의 대명사가 된 V3의 초기 버전을 만드는 데 성공했다. 훈련장에서 동기들이 가족 이야기를 할 때서야 부모님에게 입대한다는 말도 안 하고 왔다는 것을 깨달았다.

이런 안철수 교수가 대학생이나 직장인들에게 강연할 때마다 강조하는 말이 있다. 바로 꾸준한 노력과 끊임없는 배움이다. 그는 스스로 꾸준히 노력을 할 수밖에 없는 이유로 자신이 평범하고 부족하기 때문이라고 말한다. 그래서 남들보다 2~3배는 노력을 해야 날마다 새롭게 발전을 할 수 있다는 것이다.

안 교수는 말한다. "다른 사람의 시선은 개의치 않습니다. 다만 가장 두려운 일은 어제의 안철수가 오늘의 안철수보다 더 못한 것입니다."

일가一家를 이뤘다 함은 학문·예술·기술 등의 분야에서 자기만의 한 유파를 이뤘음을 뜻한다. 쉽게 말해 한 분야에서 전문가 반열에 올랐다는 말이다. 일가를 이룬 이들이 공통적으로 말하는 성공의 비결도 바로 부지런함이다.

다산 정약용은 조선사에 길이 남은 천재다. 그가 남긴 수많은 책은 시대를 앞서갔고 현대 철학자들도 혀를 내두를 만큼 그 깊이가 심오하다. 다산이 정치적 탄압을 받고 오지로 유배 갔던 시절 이런 이야기가 전해온다.

다산이 제자 황상의 자질을 눈여겨보고 문사文史를 닦도록 권하자 황상은 머뭇거리며 이렇게 말했다. "저는 세 가지 부족한 점이 있습니다. 첫째 머리가 둔하고, 둘째 앞뒤가 막혀 답답하고, 셋째 미욱하여 이해력이 부족합니다." 이에 다산이 말했다. "학문을 좀 한다는 자들에게 세 가지 큰 병통(문제)이 있는데 너에게는 해당하는 것이 하나도 없구나. 첫째 외우기를 빨리 하면 재주만 믿고 공부를 소홀히 하는 폐단이 있고, 둘째 글재주가 좋은 사람은 속도는 빠르지만 글이 부실하게 되는 폐해가 있으며, 셋째 이해가 빠른 사람은 한번 깨친 것을 대충 넘기고 곱씹지 않으니 깊이가 없는 경향이 있다"라고 대답했다. 다산은 이어 "둔한데도 계속 열심히 하면 지혜가 쌓이고, 막혔다가 뚫리면 그 흐름이 성대해지며, 답답한데도 꾸준히 하면 그 빛이 반짝반짝하게 된다"며 제자를 격려했다. "둔한 것이나 막힌 것이나 답답한 것이나 '부지런하고, 부지런하고, 부지런하면' 풀린다"는 게 다산의 가르침이었다. 황상은 이를 삼근계三勤戒로 마음에 새겨 평생 간직했다고 한다.

다산이 강조한 부지런함은 바로 시간의 힘을 남보다 많이 내 것으로 만드는 열쇠다. 더불어 자신의 분야에서 일가를 이루는 비장의 무기이기도 하다.

🕴 지식의 함정

남보다 더 깊이 생각하고 더 많은 지식을 참고하면 더 좋은 결과를 얻을 수 있다는 게 일반적인 생각이다. 하지만 때로는 고민과 지식이 성공을 가로막는 걸림돌이 되기도 한다. 일부 독자들은 눈살을 찌푸릴지도 모르겠다. 지식경제가 글로벌 화두가 되고 정부부처마저 이름에 지식을 끼워 넣은 마당에 지식이 걸림돌이라니 터무니없는 주장이 아닌가?

'지식'의 사전적 의미는 '연구나 교육, 체험을 통해 알게 된 내용'이다. 그런데 오랜 시간 연구를 하거나 교육을 받아 축적한 전문적인 노하우 외에도 과거의 경험에 따른 좋고 나쁜 기억과 이러한 기억이 사람의 마음에 미치는 영향도 넓은 의미에서 지식이라 말할 수 있다. 이 '광의의 지식'은 실전에서 도움은커녕 기본적인 실력조차 발휘하지 못하게 하는 방해꾼이다.

필자가 고등학교에 다니던 시절엔 '교내용'이란 별명이 유행이었다. 지금은 대학입시가 수능시험으로 이뤄지지만 과거 학력고사 세대는 고3이 되면 매달 유명 학원에서 출제하는 모의 학력고사를 치러야 했다. 이 모의고사는 전국에서 적게는 20만 명, 많게는 50만 명이 동시에 치르는 시험으로 전국 석차와 함께 지원가능 대학·학과까지 파악할 수 있었다. 이 때문에 전국 고교에선 모의고사를 대단히 중요시했고 시험 때마다 고3생들은 바짝 긴장하곤 했다.

통상 내신 성적이 좋은 학생이 모의고사에서도 월등한 성적을 거두기 마련이지만 간혹 내신과 모의고사 성적 간에 상당한 차이가 나는 학생들도 있었다. 내신 성적은 1등급인데도 모의 학력고사에서는 3~4등급 정도에 준하는 성적을 받는 것이다. 이들을 두고 급우들은 교내시험에서만 성적이 좋다고 해서 '교내용'이라 놀리곤 했다. 그렇다면 왜 이런 격차가 생겼을까? 이들 중 상당수는 과거 실수한 경험이 가져온 긴장감, 잘 해야 된다는 부담감 때문에 평소 실력을 발휘하지 못하는 경우가 많았던 것이다. 즉 넓은 의미로 '지식'의 함정에 빠졌던 것이다. 이들 태반은 실제 학력고사에서 역시 좋은 성적을 거두지 못해 높은 내신에도 불구하고 원하는 대학에 가지 못했다.

'지식의 함정'은 스포츠에서도 흔히 나타난다. 평소 탁월한

실력을 보이던 선수들이 결정적인 시합에만 가면 졸전을 보여
주는 경우가 여기에 해당된다.

1999년 브리티시오픈 골프대회에 출전한 프랑스의 장 방드
발드는 마지막 홀을 남겨두고 3타차 선두를 달리고 있었다. 프
로 대회에서 마지막 홀의 3타란 기적 없이는 뒤집히기 힘든 점
수다. 브리티시오픈은 세계 남자 4대 메이저골프대회의 하나
로 오랜 전통과 권위를 자랑하고 있다. 상금도 많아 우승자는
막대한 부와 명예를 차지할 수 있다. 발드 역시 한 홀만 끝내면
일약 스타로 부상하고 인생역전을 일굴 수 있다는 희망에 들떠
클럽 끝에 온 신경을 집중하고 있었다.

그러나 승부를 과도하게 의식한 것이 오히려 독이 됐다. 쌀
쌀한 날씨였음에도 불구하고 이마에 송골송골 땀방울이 맺힐
정도로 긴장하다 보니 스윙 자세에 지나치게 신경을 쓰다가 18
홀의 첫 타에서 실수를 범했다. 공은 빗맞아 날았고 코스를 벗
어나 러프 rough(페어웨이의 바깥쪽에 풀이 깊은 지역)에 빠졌다. 첫
번째 스윙 실수는 두 번째 스윙을 더욱 어렵게 만들었다. 실수
를 만회해야 한다는 조급한 마음에 스윙 각도와 몸의 자세를 계
산, 또 계산했지만 그만 몸에 힘이 너무 들어가고 말았다. 또다
시 빗맞은 공은 이번에는 풀밭 깊숙이 떨어졌다. 연거푸 이어진

실수로 긴장이 극도로 치달은 발드는 세 번째 스윙에서는 공을 연못 속에 빠뜨리기까지 했다. 이후에도 그는 계속 실수를 연발하며 트리플보기(기준타수보다 3타를 더 친 플레이)로 18홀을 겨우 마쳤다. 벌어놨던 3타를 까먹는 바람에 2위 선수와 동점이 된 그는 연장전에 나섰지만 자신감을 완전히 잃어 스윙이 흔들렸고 결국 역전패를 당하고 말았다. 스윙에 대한 너무 많은 지식과 실수의 기억이 겹쳐져 17홀까지의 성과가 한순간에 무너진 것이다. 이 경기는 '메이저 사상 최악의 역전패'로 기록돼 있다.

지식의 함정에 빠지지 않으려면 강심장이 돼야 한다. 어떤 순간에서도 긴장하지 않는 배짱을 가졌다면 흐트러질 일이 없다. 강심장을 타고났다면 좋겠지만 대부분 별것 아닌 상황에서도 가슴부터 뛰는 사람이 훨씬 많다. 하지만 보디빌더가 근육을 키우듯 선천적으로 소심한 심장을 가졌더라도 오랜 연습을 거치면 강건한 심장으로 거듭날 수 있다. 긴장감이 감도는 상황에 자신을 노출하고 이를 감당하는 훈련을 반복해 긴장의 상황을 '루틴'(판에 박힌 일)한 상황으로 만들면 된다.

2009~2010 국제빙상경기연맹 그랑프리대회에 출전한 김연아 선수는 지식의 함정을 보란 듯이 피해간 사례다. 당시 김

연아는 평소와 달리 경기에서 큰 실수를 했다. 프로그램에 예정됐던 초반 '트리플 플립 점프'를 아예 시도하지도 못했다. 앞서 많은 선수가 경기를 치르다 보니 빙판 곳곳이 패어 있었고 스케이트 날이 이 틈에 걸리면서 점프 타이밍을 놓치고 만 것이다. 트리플 플립 점프는 기본점수 5.5점이 걸린 연기다. 한 점 차이로 승부가 갈릴 수도 있는 여자 피겨스케이팅대회에서 5.5점이란 자칫 시합을 포기할 마음이 들게 만드는 점수였다. 더구나 초반에 나온 실수니 이후 연기 부담은 더 컸다. 실수의 기억이 경기 전체를 망칠 수도 있었다.

이런 우려와는 달리 김연아는 흔들리지 않았다. 수많은 연습을 통해 유사한 경험을 숱하게 했던 덕분이었다. 트리플 플립 점프를 놓친 순간 그는 '스리턴에서 점프를 시도하다가는 균형을 잃고 쓰러질 수 있다. 점프는 하지 못했어도 다른 연기로 만회를 하면 된다'고 생각했다. 빙판에 설 때마다 점수에 신경을 쓰는 대신 연기에 집중하는 태도가 배어 있었던 덕분이었다. 김연아는 언제 실수를 했냐는 듯 연기에 집중했고 또다시 금메달을 목에 걸었다. 5.5점이라는 큰 점수를 잃고 나서도 전혀 흔들리지 않는 연기를 해낸 덕분이었다. 연습을 통해 위기의 순간을 루틴으로 만든 강심장이 그 저력이었다.

옷의 크기에 따라
몸도 변한다

신발이 작으면 발도 작아진다

불과 50~60년 전까지도 중국에는 전족이라는 악습이 남아 있었다. 발이 작을수록 성적 매력이 높아진다는 이유로 여자아이의 발을 묶어 자라지 못하게 하는 관습이었다.

　방법은 이렇다. 딸이 3~4세가 되면 어머니들은 폭 5cm, 길이 3m 정도의 천으로 아이 발의 엄지발가락을 제외한 네 발가락을 발바닥에 닿을 정도로 구부려 감은 후 단단히 동여맨다. 그 다음 그 위에 꼭 맞는 신발을 신긴다. 아이는 자라면서 옥죄인 발의 통증에 고통 받고 온갖 염증과 부작용에 시달리게 된다. 18세 무렵 성장이 멈추면 전족을 풀게 되는데 이때 다 자란 여자의 발 크기가 10cm 안팎에 불과했다. 여성 억압의 대표적인 상징인 이 전족풍습은 당말, 오대시대 시작된 이래 1945년 신중국 수립과 더불어 전면 금지되기까지 거의 1,000년 동안 지속됐다.

미얀마와 태국 국경지대에 사는 소수민족인 카렌족은 여자들의 목에 놋쇠 링을 끼워 목의 길이를 늘이는 풍습으로 유명하다. 목이 길수록 미인으로 인정하기 때문인데 이 밖에도 여러 가지 설이 있다. 밀림 지역에 살다보니 맹수의 공격을 받기 쉬운데 이때 맹수가 여자들을 물어 삼키지 못하게 하기 위해서라거나, 다른 부족 남자들에게 매력적으로 보이는 것을 막기 위해서라는 등의 주장이다.

그 이유가 무엇이든 카렌족의 여자아이들은 5~6세 정도가 되면 굵은 놋쇠 링을 목에 감는데 나이가 들면서 고리 개수도 늘어나게 된다. 무거운 링 때문에 늑골과 쇄골이 점점 내려앉아서 목이 길어 보인다. 성인이 되면 보통 여자들은 20개 이상의 링을 목에 두르게 되고 목의 길이는 20~30cm까지 늘어난다.

주어진 틀에 따라 모양이 변하는 것은 발이나 목만이 아니다. 개인의 역량 또한 상당히 가변적이다. 몸이 틀에 맞춰 달라지듯이 사람의 능력도 꿈의 크기에 따라 달라진다. 꿈을 크게 가지고 자신의 능력으로 다소 벅찬 과제에 자꾸 도전하다 보면 자신도 모르게 능력이 자란다. 반면 안이한 목표를 설정하고 편한 일만 찾다 보면 능력도 그에 맞춰 작아진다.

라이트 형제는 기계를 대단히 좋아했다. 새로운 기계를 보면 하루 종일 매달려 부품을 낱낱이 분해한 후 그 작동 원리를 알아내야 직성이 풀리곤 했다.

어느 날 동생 오빌 라이트는 우연히 인쇄회사에 들리게 됐다. 철컹! 철컹! 쉴 새 없이 글자와 그림을 찍어내며 돌아가는 인쇄기에 동생은 그만 홀딱 반해버렸다. 인쇄기를 직접 다루고 싶은 열망에 인쇄 기술까지 배운 그는 형 윌버 라이트와 함께 싸구려 폐품을 모아 인쇄기를 직접 만들었다. 획기적인 제품이었다.

시간 당 1,000장이라는 당시로는 경이로운 속도를 자랑하는 형제의 인쇄기는 여타 인쇄기에 비해 생산성이 몇 배나 높았다. 이 인쇄기를 발판으로 형제는 광고지 사업을 시작했고 다른 인쇄업자에 비해 훨씬 빨리 더 많은 주문량을 처리하면서 적지 않은 돈을 벌 수 있었다.

형제가 살았던 당시엔 젊은 층 사이에서 자전거가 선풍적인 인기를 끌고 있었다. 두 바퀴를 굴리며 질주하는 매력에 젊은 이들은 뜨겁게 열광했다. 라이트 형제라고 예외일 리 없었다. 비탈길이며 산길이며 길이 난 곳이라면 어디든지 자전거를 타고 쌩쌩 달렸다. 그러다 보니 고장도 잦았다. 툭하면 체인이 끊어지고 핸들이 작동을 멈췄다. 자전거를 수리하려면 번번이 부품을 사다가 손봐야 했다. 무슨 기계든 뚝딱뚝딱 고쳐버리는 라이트 형제에게도 자전거 수리는 여간 번거로운 일이 아니었다.

자전거를 대신 고쳐주는 곳이 있으면 편하겠다고 생각하던 라이트 형제는 직접 수리점을 차리기로 했다. 문을 열자마자 구멍 난 타이어를 때우거나 페달을 수리해달라는 사람들이 줄을 이었다. 라이트 형제는 아예 사람들의 주문을 받아 맞춤형 자전거를 생산하기 시작했다.

사업은 날로 번창했고 주머니는 날로 두둑해졌다. 그러나 형제의 가슴에는 여전히 채워지지 않는 무언가가 남아 있었다. 삶은 풍족했고 안정됐지만 꿈이 이뤄진 것은 아니었기 때문이다. 좀 더 큰 꿈, 어린 시절부터 열망하던 '비행하는 기계'에 대한 꿈이 여전히 한구석에 웅크리고 있었던 것이다.

그러던 중 형제는 글라이더를 타다 추락해 중상을 입었던 독일인 오토 릴리엔탈^{Otto Lililenthal}이 사망했다는 신문기사를 읽게 됐다. 때는 1896년이었다. 릴리엔탈은 30년 넘게 비행기를 연구했던 사람이었다. 새의 비행을 관찰해 글라이더를 만들어 비행기 탄생의 길을 열어젖힌 인물이기도 했다. 그의 부고 기사를 보는 순간 라이트 형제는 비행의 시대가 올 것이란 예감을 가지게 됐고 그간 꿈이었던 동력 비행기를 만들고야 말겠다고 결심했다. 이후 형제는 도서관에 파묻혀 비행에 관한 책이란 책을 닥치는 대로 읽었고, 온갖 연구기관을 찾아다니며 자료를 구해보기도 했다. 3년 뒤 형제는 두 개 날개를 가진 글라이더 모양의 연을 날리는 실험을 성공적으로 마쳤고, 이로부터 1년 뒤에는 글라이더 비행에 성공했다. 그리고 다시 4년 뒤 드디어 동력비행기를 만들어 그토록 소망하던 하늘로 날았다.

양파 껍질 벗기기

꿈은 사람에게 자극을 주고 의욕을 불어넣는다. 꿈을 가진 사람은 모든 열정을 다해 꿈을 현실로 만들려고 한다. 그렇게 목표를 달성하고 나면 사람들은 행복감에 젖는다. 그 달콤함을 맛본 후엔 대개 그 상태에 안주하고 싶어지는 것이 인지상정이다. 또 다시 힘든 과정을 거쳐 다른 꿈을 이루고 싶다는 의욕이 사라지는 탓이다. 하지만 어떤 이는 여기에 안주하지 않고 다시 도전의 길에 오른다. 그들에겐 꿈이란 양파와 같다. 양파껍질을 벗기면 또 다른 껍질이 나오듯 꿈을 하나 실현하면 다른 꿈에 도전한다. 그리고 결국 최고의 자리에 오른다.

가발공장 여공에서 하버드대 박사가 된 것으로 유명해진 서진규 희망연구소장. 그녀의 삶은 실로 지칠 줄 모르는 도전의 연속이었다. 현재 남녀 노소 인종을 불문한 수많은 사람에게 희망을 전하는 일에 몸담고 있는 그녀의 삶은 그 자체로 '희망 스토리'다. 가발공장 직공으로, 미국 식당 종업원으로, 미군 소령으로, 하버드대 박사로. 이처럼 극적인 변신을 가능케 했던 힘은 오로지 꿈과 그 꿈을 이루려는 열정이었다.

가난한 엿장수의 딸로 태어난 서 소장은 10대 시절부터 가발공장과 식당일을 전전하다 20대 초반 더 나은 인생을 꿈꾸며 미국으로 건너갔다. 곡절 끝에 작은 레스토랑 종업원으로 일하게 됐지만 만족할 수 없었다. 어떻게든 운명을 바꿔보고 싶던 서 씨는 미 육군에 자원입대했다. 남자도 버티기 힘든 고된 훈련도 새로운 인생을 향한 열망으로 참고 견뎠다.

군에 입대해 생활이 안정된 후에도 서 씨는 도전을 멈추지 않았다. 30대의 나이에 장교 시험에 당당히 도전해 소위로 임관됐다. 장교가 된 이후엔 틈틈이 일본어 등 외국어를 익혔고 야간대학을 다니며 배움의 갈증을 마음껏 풀었다. 이때 닦은 실력을 바탕으로 그는 후일 미국·독일·한국·일본 등에서 파견장교로 일하며 48세 소령으로 예편할 때까지 능력을 인정받았다.

그의 도전 행보는 끝이 없었다. 이번에는 하버드대 대학원에 입학해 주변을 놀라게 했다. 가족과 지인들의 만류에도 불구, 50세를 바라보는 나이에 석사과정을 시작한 그녀는 동기들과 교수들에게 '공부벌레'로 불리며 고군분투한 끝에 결국 박사학위를 거머쥐었다.

사람들은 몸이 커져 옷이 작아지면 큰 옷으로 바꿔 입는다. 몸에 끼는 옷을 입고선 움직임이 불편하기 때문이다. 하지만 사람들은 목표에 있어서는 큰 옷 대신 작은 옷을 고수하는 경향이 있다. 목표를 성취하고 나면 그 결과에 만족해 안주하고 만다. 하지만 서 씨는 달랐다. 몸의 변화에 옷을 갈아입듯 도전이 끝나면 더 큰 도전으로 갈아타기를 멈추지 않았다.

능력은 한 치수 크게 준비한다

사람에겐 사는 동안 인생의 행로를 바꿀 기회가 최소한 세 번 온다고 한다. 때론 기회가 왔다는 사실조차 모르고 지나치기도 하지만 많은 경우 기회가 온 것을 알면서도 준비가 되어 있지 않아 그대로 놓치기 쉽다. 특히 현재 필요한 수준만큼만 능력을 지닌 사람은 기회를 잡기 어렵다. 기회가 도래했을 때 그제야 걸맞은 능력을 준비하려 허둥지둥하는 동안 기회는 저만치 사라지고 만다. 기회가 왔을 때 꽉 움켜쥐려면 평소 능력을 한 치수 크게 준비해둬야 한다.

철강왕 앤드류 카네기는 미국 최고 부호이자 최대 자선사업가로 현대 기업인의 모범으로 꼽힌다. 가난한 유년시절을 딛고 자수성가한 후 자신이 쌓은 부를 사회를 위해 아낌없이 돌려주며 이른바 노블레스 오블리주의 전범이 되었기 때문이다.

신문팔이와 구두닦이로 10대 시절을 보낸 카네기는 평소 그의 성실한 모습을 눈여겨 본 지인의 소개로 전신소에 취직을 한다. 단순 심부름일을 하는 사환직이었지만 그는 더 나은 미래를 꿈꾸며 전신기술을 익히기 시작했다.

어느 날 카네기가 일하던 전신소로 급한 메시지가 왔다. 그런데 하필 전신기사들이 모두 바빠 메시지를 수신할 사람이 없었다. 마침 그 자리에 있었던 카네기는 그동안 익혀뒀던 기술로 메시지 수신을 해냈다. 이것이 계기가 돼 그는 전신기사로 보직을 바꾸게 됐고 관리자로 성장하는 발판을 마련할 수 있었다. 전신소 일을 하면서 사귄 저명한 명사들의 도움으로 철도사업에 나섰고 이후엔 철강업으로 무대를 넓혔으며 미국 최고의 갑부로 올라섰다.

만약 카네기가 전신소 사환 시절 전신기술을 익혀두지 않았다면 갑자기 찾아온 기회를 그대로 날렸을 것이고, 훗날 철강왕으로 발돋움할 결정적 기회들을 잡지 못했을 것이다.

카네기는 이에 대해 "사람이 무언가를 배워두면 언제든 그 지식을 활용할 기회가 곧 찾아오기 마련이다"라고 말했다. 기회가 왔을 때 이를 포착하지 못하는 것은 실수이고 온 기회를 능력이 없어 잡지 못하는 것은 무능이라는 것이 그의 조언이 었다.

일견 사소해보이는 기회가 훗날 돌아보면 인생의 터닝 포인 트가 되었던 사례는 적지 않다. 이 전환점에서 제대로 방향을 잡아야 최고의 자리에 오를 수 있다.

금융회사의 일개 팀원으로 출발해 경영자까지 오른 김익상 (가명) 씨는 10여 년 전 우연히 찾아온 기회가 성공의 단초가 됐 다고 말한다.

당시 그는 팀장 밑에서 시장 분석을 담당하고 있었다. 회사 에선 아침마다 경제전망과 분석을 정리하는 회의가 열렸고 팀 장은 하루의 시장 전망을 분석하는 프레젠테이션PT을 맡았다. 찰나의 판단으로 엄청난 이익과 손실이 엇갈리는 금융시장의 생리상 회의에선 언제나 공격적인 질문이 쏟아졌고 팀원들은 한시도 긴장을 늦출 수 없었다.

어느 날 팀장이 갑작스런 질병으로 병가를 내게 됐다. 며칠 동안 PT 없이 회의가 진행됐다. 하지만 팀장의 병세는 악화됐 고 공백이 1주일 이상 길어지자 경영진은 팀장의 외부 영입을 고려하기 시작했다. 김 씨는 이것이 자신에게 기회가 될 수 있다고 여겼다. 그동안 팀장 밑에서 충실한 연습을 거친 만큼 준비만 철저히 한다면 얼마든지 PT를 해낼 수 있을 것 같았다. 이에 그는 평소 가깝게 지내던 임원에게 팀장 대신 PT를 해보겠다고 간청했다.

다른 임원들은 썩 내켜하지 않는 눈치였지만 김 씨는 거듭 자신감을 어필했다. 결국 회사 측은 반신반의하는 분위기 속에 그에게 일단 일을 맡겨 보기로 했다. 물론 배짱만으론 불가능한 일이었다. 하지만 평소 시장을 보는 안목, PT 기술, 다양한 분석 도구 등을 익히며 팀장급 역량을 준비해왔던 것이 믿는 언덕이었다.

PT를 앞둔 이틀간 김 씨는 밤새 눈 한 번 붙이지 않고 준비에 몰두했다. 자료를 몇 번이나 확인했고 예상 질문을 뽑아 완벽한 대답을 준비했다. 리허설만도 수십 번을 반복했다.

드디어 결전의 날. 첫 PT가 끝나자 임원들 사이에서 "기대 이상이다"라는 호평이 쏟아졌다. 그리고는 10여 차례의 추가 테스트를 거친 후 회사는 김 씨를 팀장으로 전격 발탁했다. 평소 자신의 위치보다 능력의 그릇을 넉넉하게 준비했던 그에게 기회가 왔고, 그는 그것을 놓치지 않았다.

목표로 가는 길을 내라

최고 전문가들은 목표가 정해지면 그에 도달하기 위해 최대치의 열정을 쏟아부었다. 막다른 길에 부딪히면 치열한 고민으로 돌파구를 찾아냈고, 주변의 반대가 아무리 거세도 굴하지 않고 뚜벅뚜벅 나아갔다.

당대 최고의 흥행감독인 스티븐 스필버그가 영화에 매료된 것은 어려서 〈지상최대의 쇼〉라는 영화를 본 뒤부터다. 영화에서 기차가 충돌하여 폭발하는 장면은 어린 스필버그의 머릿속에 강렬히 각인됐고 영화라는 장르에 무한한 매력을 느끼게 됐다. 당시 스필버그의 부친은 8mm 무비 카메라를 소장하고 있었다. 부친은 이 카메라를 자식만큼 애지중지했고 진열장에 고이 모셔두곤 누구도 만지지 못하게 했다.

스필버그의 소원은 그 카메라로 영화를 찍어보는 것이었다. 하지만 아버지가 값비싼 카메라를 쉽게 내어줄 리 없었다. 스필버그는 궁리 끝에 꾀를 냈다. 아버지가 여행이나 출장에서 찍어온 장면들을 번번이 트집 잡았다. "화면이 흔들리네, 구도가 잘못됐네, 배경을 잘못 찍었네" 등 끊임없이 토를 달았다. 화가 잔뜩 치민 아버지는 "그럼 네가 직접 해보라"며 카메라를 쥐어줬다. 이미 카메라를 충분히 연구했고 찍고 싶은 장면까지 생각해둔 스필버그는 제법 멋진 장면들을 연달아 찍어냈다. 홧 김에 카메라를 빌려줬던 아버지는 아들의 솜씨에 감탄했고 그 후 카메라는 스필버그 차지가 됐다.

고등학교를 졸업할 무렵 스필버그는 대학교 영화학과에 입학 지원서를 냈다. 12세부터 영화감독을 꿈꾸며 아카데미 감독상을 타겠노라 노래를 불렀던 그로서는 당연한 결정이었다. 하지만 성적이 모자라 낙방하고 말았다. '대학에서 영화를 공부한 후 위대한 감독이 된다'는 그의 계획에 시작부터 차질이 빚어진 것이다. 스필버그는 원하던 영화학과 대신 캘리포니아 주립대 영문학과에 진학했다. 학교 근처에 유니버설 스튜디오가 있다는 이유가 크게 작용했기 때문이다. 학교에서 영화를 공부하지 못하니 영화 제작 현장이라도 자주 봐야겠다는 심산이었다. 전공 공부는 당연히 뒤로 한 채 그는 1주일에 3~4일은 유니버설 스튜디오 촬영소에서 살았다. 그의 머릿속엔 온통 영화 생각뿐이었고 주말이면 실험영화를 만드는 작업에 매달렸다. 목에는 언제나 촬영용 카메라가 걸려 있었다.

유니버설 스튜디오 주변을 맴돌던 스필버그는 영화사 간부들과 마주칠 때마다 일거리를 달라고 졸랐다. 하지만 그를 거들떠보는 사람은 없었다. 한 간부는 35mm 극장용 영화를 만들 수 있다면 고려해보겠다고 했다. 실력을 좀 더 쌓아 만들어보라는 의미였다. 가난한 학생이었던 스필버그에게 제작비가 엄청난 35mm 영화를 만든다는 것은 꿈같은 소리였다. 하지만 그는 길을 찾아 나섰다. 35mm는 아니더라도 16mm 영화를 만들어 실력을 보여주기로 마음먹었다. 그는 곧바로 16mm 카메라를 빌렸고 대여비를 마련하기 위해 온갖 아르바이트를 마다하지 않았다. 이처럼 스필버그의 뜨거운 열성과 재능을 눈여겨본 한 제작자가 드디어 그에게 입봉의 기회를 줬다. 그렇게 탄생한 영화가 단편영화 〈엠블린〉이다. 흑백무성영화로 대사 한 마디 없이 남녀 간의 사랑을 담아 낸 이 작품을 보고 유니버설 텔레비전의 사장은 당장 스필버그와 전속계약을 체결했다. 그는 22세라는 나이에 미국 최연소 영화감독이 됐고 그에게 세계적 명성을 선사한 영화 〈죠스〉에 이어 〈ET〉 〈쥐라기 공원〉 〈쉰들러 리스트〉 등의 흥행작을 잇따라 터뜨렸다.

인생은 세트메뉴가 아니다. 패스트푸드점에서 세트를 주문하면 햄버거에 콜라에 감자튀김까지 나오듯 한 번 노력에 성공으로만 구성된 종합세트가 주어진다면 얼마나 좋겠는가. 하지만 아쉽게도 인생에서 이런 행운은 거의 일어나지 않는다. 생각도 못했던 장애물이 나타나고, 예상치 못한 곤경과 방해물이 끼어든다. 중요한 것은 한 가지 목표를 확고하게 붙들고 각종 난관과 방해꾼을 물리치며 나아가는 일이다. 이래서 안 되고 저래서 곤란하다며 스스로를 봐주기 시작하면 이룰 수 있는 일이 없다. 최고의 전문가들은 때로는 다소 무리가 되더라도 목표를 위해서라면 과감한 행보를 서슴지 않았다.

'음악의 아버지' 바흐와 '음악의 어머니' 헨델은 온갖 어려움을 극복하고 서양음악의 시초로 우뚝 섰다. 어려서 부모를 잃은 바흐는 음악가인 큰형의 보살핌을 받으며 자랐다. 형에게 기초적인 음악을 배웠지만 형은 악보만큼은 결코 보여주지 않았다. 악보 없이 음악을 제대로 익힐 순 없었다. 바흐는 호시탐탐 형이 가지고 있는 유명한 작곡가들의 악보들을 노렸다. 밤이 되면 바흐는 형이 잠든 틈을 타 악보를 훔쳐냈다. 행여 형이 깰세라 불도 켜지 못했다. 대신 희미한 달빛에 의지해 악보를 베끼기 시작했다. 어둠 속에서 깨알 같은 악보를 베껴 적으려니 시력이 나빠졌지만 바흐는 개의치 않았다. 이러기를 6개월. 바흐는 드디어 모든 악보를 손에 넣었고 이를 너덜거리도록 익했다.

헨델의 아버지는 아들을 법률가로 만들 작정이었다. 헨델의 음악적 재능을 알아보긴 했지만 아들이 배고픈 음악가의 길을 걷는 것은 원치 않았다. 아버지는 헨델이 음악을 하지 못하도록 갖은 방법을 동원했다. 심지어 음악을 가르친다는 이유로 학교에 보내기조차 꺼렸다. 그러나 헨델은 이미 음악에 매료되어 있었고 어떤 것도 그의 열정을 막을 수 없었다. 헨델은 몰래 악기를 구해다 밤이 되면 다락방으로 올라가 소리를 죽여 연습을 했다.

최고의 전문가들은 목표가 생기면 그에 도달할 방법을 어떤 식으로든 찾고야 말았다. 어떤 장애와 방해물이 있더라도 대안을 찾았고 끝내 목표를 이뤄냈다.

🕐 그릇을 키워주는 멘토

큰 목표를 세우고 도전하는 이에게 한 마디 충고는 때로 결정적인 영향을 미친다. 사람들은 이처럼 핵심적인 조언을 해줄 수 있는 사람을 멘토mentor라 부른다. 그 유래는 고대 그리스로 거슬러 올라간다.

그리스의 고대 서사시 오디세이아의 주인공 오디세우스는 트로이전쟁에 나가기에 앞서서 친구인 멘토에게 아들을 보살펴 줄 것을 부탁했다. 전쟁은 예상보다 훨씬 길어져 20년 가까이 계속됐고 이 기간 동안 멘토는 오디세우스의 아들에게 든든한 보호자이자 스승과 조언자의 역할을 했다. 이로 인해 멘토라는 그의 이름은 지혜와 신뢰로 한 사람의 인생을 이끄는 지도자의 동의어가 됐다.

사람에겐 선천적으로 다른 사람을 모방하려는 속성이 있다. 갓 태어난 아기도 부모의 몸짓을 그대로 흉내 낸다. 모든 문화와 문명은 이 모방을 통해 전해 내려왔다. 한 인생 또한 타인의 행동을 따라하면 방향이 달라질 수 있다. 신뢰할 수 있고 지혜로운 사람이 곁에 있다는 것은 그런 점에서 축복이다. 특히 선택의 기로에 있을 때, 도무지 해결의 길이 안 보일 때 제대로 된 조언을 얻는 것은 큰 힘이 된다. 때로 잘못된 길로 빠졌을 때도 호되게 꾸짖어주는 멘토가 있다면 본궤도로 쉽게 돌아올 수 있다.

각계에서 '넘버 원'이 된 이들은 대부분 멘토를 한두 명쯤은 갖고 있다. 멘토가 꼭 대단한 위인이거나 유명인사여야 할 필요는 없다. 부모, 형제, 스승, 친구 모두 멘토가 될 수 있다. 책도 훌륭한 멘토가 되어준다.

브라질의 축구영웅 펠레는 축구 역사상 최고의 선수로 꼽힌다. 출중한 실력도 실력이지만 그를 더욱 빛나게 하는 것은 경기 매너다. 펠레는 언제나 상대방 선수를 적이 아닌 선의의 경쟁자로 대했고 관중들에겐 진심으로 존경을 표했다. 그는 아무리 격한 경기, 납득하기 어려운 상황에서도 흥분하지 않고 감정을 다스릴 줄 아는 선수였다. 실력은 좋지만 난폭한 플레이와 거친 태도로 빈축을 사는 신세대 유명 선수들과는 질적으로 달랐다.

펠레가 이처럼 대단한 감정조절 능력을 가지게 된 것은 부친 덕분이다. 펠레는 축구선수였던 아버지의 경기를 자주 보러 갔다. 어느 날 펠레는 관중석에서 아버지의 플레이를 지켜보고 있었다. 아버지는 드리블로 상대 수비를 제쳤지만 머뭇거리다 골을 넣지 못했다. 그러자 펠레 옆에 앉아 있던 관중들이 욕을 해대며 고함을 질러댔다. 이에 격분한 펠레는 그들과 싸움을 벌였고 주먹다짐 직전까지 치달은 끝에 간신히 진정됐다. 그날 밤 아버지는 펠레를 앉혀 놓고 조용하지만 단호한 음성으로 일렀다.

"화가 나는 것은 스스로에 화가 났기 때문이다. 화가 난다고 해서 남에게 시비를 거느니 제 몸을 걷어차는 게 낫다. 경기장에서 뛸 때는 화를 다스리는 것이 무엇보다 중요하다. 자기감정 하나 제어하지 못하는 사람은 결코 상대방을 이길 수 없다."

어린 펠레는 아버지의 이 말을 가슴 깊이 새겼다.

또 다른 일화도 있다. 축구에 천부적 재능을 보이던 펠레는 어느 날 친구들과 담배를 피우다가 아버지에게 들켰다. 아버지는 부드럽지만 단호한 어조로 말했다.

"넌 축구에 재능이 있고, 일류선수로 성공할 가능성도 있지만 담배를 피우면 아무것도 될 수 없다. 90분 동안 경기장을 누빌 수 있는 건강과 체력을 유지할 수 없기 때문이다. 그러니 네 스스로 선택하거라. 만일 위대한 축구선수를 포기하고 계속 담배를 피울 생각이라면 이 돈으로 사서 피우도록 해라." 아버지는 낡은 지갑을 열어 구겨진 지폐 몇 장을 꺼내 주었다. 이 날 이후 펠레는 두 번 다시 담배를 입에 대지 않았고 최고의 축구선수가 되기 위한 연습에 몰입했다.

멘토는 이처럼 결정적 순간에 정서적 안정과 자극을 준다.

대가가 되기 위해 필요한 바탕을 다지는 시점에 그 역할은 더욱 중요하다.

앞서 소개한 애니메이션 거장 미야자키 하야오가 멘토를 만난 것은 중학교 때였다. 프랑스에서 미술을 공부한 사토 후미오 선생님이 그 주인공이다. 그림 그리기를 좋아하던 하야오에게 후미오는 "예술가라면 자기만의 그림을 그릴 줄 알아야 하고 이를 위해서는 사물에 생동을 부여할 수 있는 기본기를 갖춰야 한다"고 말했다. 그리고 시간이 날 때마다 근처 동물원에 가서 움직이는 동물들의 모습을 그려보라고 권했다. 다양한 생김새와 골격을 가진 동물들을 그리다 보면 그림의 기본을 갖추는 데 도움이 되리라는 이유였다. 하야오는 선생님의 조언대로 틈만 나면 동물원으로 달려가 동물들을 그려보기 시작했다. 원숭이가 나무에 매달려 흔들거릴 때 등이 구부러지는 모습, 뼈와 근육이 움직이는 모양새를 도화지에 담다 보니 그림 실력은 물론 관찰력이 몰라보게 늘었다.

조선시대 천재 화가 단원 김홍도에게도 자극을 주고 꿈을 이룰 수 있도록 이끌었던 멘토가 있었다. 사대부 화가이자 당대 최고의 미술 평론가였던 표암 강세황이다. 강세황은 김홍도가 8세 되던 해 그의 천재성을 일찌감치 알아보고 소년을 제자로 삼았다.

어린 소년에게 끊임없이 예술가의 꿈을 불어넣던 강세황은 특히 학문적 소양을 키우는 데 집중했다. 중인 집안 출신인 김홍도에게 성리학적 소양이 부족한 것이 약점이 될 수 있다는 판단이었다. 덕분에 김홍도는 조선 성리학을 기반으로 한 화법을 근본적으로 이해할 수 있었고 훗날 누구도 흠 잡을 수 없는 절세의 산수화를 그려냈던 것이다.

소걸음으로
먼 길을 간다

15cm씩 1,000m를 오르다

1989년 7월 18일. 29세의 청년 마크 웰만이 미국 캘리포니아 주 요세미티 공원의 엘 카피탕 봉우리 정상에 올랐다. 미국 전역에 환호성이 울려 퍼졌다. 사람들은 서로 얼싸안고 제 일인 양 감동의 눈물을 흘렸다. 엘 카피탕 봉은 1,000m에 이르는 험한 암벽이긴 하지만 수도 없이 많은 사람이 오르내렸던 곳이다. 하지만 웰만의 성공은 특별했다. 그가 하반신을 전혀 쓰지 못하는 장애우였기 때문이다.

웰만은 1982년 암벽 등반 중 바닥으로 떨어지는 사고로 허리 아랫부분이 완전히 마비됐다. 의사들은 그에게 두 번 다시 암벽을 오를 수 없을 것이라고 말했다. 암벽에 빠져 살던 산사 나이에겐 청천벽력 같은 선고였다.

하지만 웰만은 좌절하는 대신 재활 훈련을 시작했다. 망가진 하반신 대신 이를 악물고 상체의 근력을 키워나갔다. 뼈를 깎는 고통을 견디며 단 하루도 훈련을 거르지 않았다. 그리고 그는 다시 도전했다. 엘 카피탕 봉이 그 목표였다. 그는 함께 등반에 나선 친구가 암벽에 걸어준 로프를 붙잡고 오직 두 팔의 힘만으로 1,000m 암벽을 오르기 시작했다. 한 번에 15cm씩 자신의 몸을 끌어올렸다. 로프에 매달린 지 9일. 마침내 그는 정상을 '밟았다'.

만약 그가 처음부터 1,000m를 목표로 했다면 아마 중도에 등반을 포기했을지도 모른다. 까마득한 높이에 압도돼 로프를 놓아 버렸을지도 모른다. 하지만 그는 1,000m를 15cm라는 도달 가능한 목표로 쪼갰으며 15cm씩 결국 1,000m를 정복해 냈다.

작은 목표를 세워 하나씩 이뤄나가는 것은 도전을 계속할 수 있는 성취감을 심어준다. 최종 목표는 높게 잡더라도 그 과정에서는 세부 목표를 세워 차근차근 전진하는 것이 효과적이다. 15cm씩 1,000m를 올라 결국 정복의 꿈을 이룬 마크 웰만처럼 한걸음씩 꾸준히 나아가는 것이다.

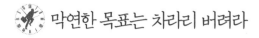

막연한 목표는 차라리 버려라

목표는 정말 중요하다. 목표가 있으면 가는 방향이 분명해지고 도중에 난관이 닥치더라도 각오를 다잡기 쉽다. 그런데 목표가 지나치게 거창하거나 막연하다면 오히려 의욕을 꺾는 방해물이 된다. 자신의 처지나 능력으로는 도저히 이룰 수 없는 꿈을 좇다 보면 쉽게 지치고 좌절하게 되기 때문이다. 더욱이 목표를 너무 크게 잡으면 상대적으로 작은 목표들이 하찮게 여겨질 수 있다. 또한 너무 막연한 목표를 따라가다 보면 중간에 의욕을 잃기 쉽다. 따라서 목표를 이루고자 마음먹었다면 작더라도 구체적인 목표를 설정해 차근차근 이뤄가는 것이 훨씬 효과적이다.

해가 바뀔 때면 새해 결심을 하는 사람들이 늘어난다. 가장 흔한 목표는 아마도 자기계발과 다이어트일 것이다. 살을 빼서 멋진 몸매로 거듭나겠다는 목표를 세웠다고 가정하자. 이를 위해 새벽 운동을 열심히 하기로 결심한다. 아마도 십중팔구 작심삼일로 끝날 것이다. 목표가 너무 모호하기 때문이다. 살을 얼마나 빼겠다는 기준도, 운동시간이나 운동량에 대한 계획도 없다.

다이어트 전문가들은 살을 빼고 싶다면 체중 감량 목표와

운동량, 운동시간 등을 아주 구체적으로 정하라고 조언한다. 예컨대 '한 달 안에 몸무게를 3kg 줄인다' '매일 아침 6시에 일어나 30분씩 달린다' 처럼 말이다.

거듭 강조하지만 목표는 구체적이고 실천하기도 쉬워야 한다. 부자가 되겠다며 '10년 안에 10억을 모은다' 는 막연한 꿈보다는 '한 달에 최소한 100만원씩 저축한다' 는 접근이 현실적이다. 이런 목표는 그 성패가 단기간에 분명히 드러나기 때문에 성과를 측정하기에 좋고 그에 따라 각오를 재차 다지는 데도 유리하다.

몇 년 전부터 우리나라에는 부자 열풍이 거세게 몰아쳤다. 인터넷에는 'OO억 원 모으기' 와 같은 사이트가 수십 개씩 열렸고 '20대 OO억 부자' 등의 솔깃한 제목을 단 '부자병법서' 도 쏟아져 나왔다. 이런 가운데 사람들은 누구나 당장이라도 갑부가 될 수 있을 듯한 꿈에 부풀었다.

그런데 이런 사이트를 통해 혹은 책을 읽고 실제 갑부가 됐다는 이야기는 거의 들어본 적이 없다. 사실 젊은 나이에 큰 재산을 일구기가 어디 쉬운가. 돈을 벌기가 어렵고 그 정도 재산을 모은 사람이 흔하지 않으니 성공담이 책으로 나오는 것이다. 소박해도 실천하기 쉬운 목표를 정하고 그것을 달성한 뒤

조금씩 목표를 높여가야 한다.

환갑을 훌쩍 넘긴 김광식(가명) 씨는 퇴직 후 주식투자로 부자가 된 사람이다. 그가 주식을 시작한 것은 지난 1999년. 은행 지점장을 끝으로 은퇴한 그는 퇴직금 중 일부를 들고 증권사 문을 두드렸다. 여기까지는 그다지 특별할 것 없는 전개다.

놀라운 것은 그가 퇴직 직후부터 주식을 굴리며 해마다 100%에 가까운 수익을 올렸다는 점이다. 2008년까지 9년간 누적 수익률이 1,000%에 이른다. 날고 긴다는 투자 전문가들도 올리기 힘든 혁혁한 전적이다. 비결은 '무욕無慾'에 있었다. 그저 주식 배당금을 받아 생활비 정도 벌겠다는 게 그의 바램이었다. 이를 위해 그는 안정적으로 꾸준히 수익을 얻을 수 있는 주식을 사기로 했다. 가능한 원금을 지킨다는 원칙도 세웠다. 주식 투자로 1년에 20% 정도 수익이 나면 만족한다는 생각 하에 꾸준히 이익을 내는 종목을 사서 오래 보유하기로 했다.

노후 생활의 보루인 퇴직금을 투자하는 만큼 종목을 고를 때 신중과 정성을 다했다. 경기 흐름에 민감하게 반응하지 않는 주식을 찾기 위해 정보를 수집했고 관심이 가는 기업이 있으면 기업설명회에 참석해 내실을 살폈다. 재무제표를 꼼꼼히 분석하는 것은 기본이었다.

철저한 준비를 거쳐 그가 투자한 주식은 10여 종목에 불과하다. 주로 배당금이 높은 주식들이다. 가격부침이 심한 대박형 주식 대신 느리지만 가격이 꾸준히 오르는 주식으로 포트폴리오를 짰던 것이다.

주식을 고를 때 주가가 폭등을 할 주식보다는 주가가 절대로 떨어지지 않을 것이 분명한 주식 위주로 샀다. 무조건 많으면 좋다는 막연한 목표가 아니라 20%면 만족한다는 '소박하지만 분명한 목표'가 있었기 때문이었다. 가격이 떨어지지 않을 주식을 골랐으니 주식시장이 요동을 칠 때도 동요하지 않았다.

때마침 운이 따랐다. 인터넷기업 같은 기술주들에 대한 실망이 커지자 높은 배당금을 주고 안정적인 주가 흐름을 보였던 주식이 각광을 받으면서 주가가 크게 올랐고, 그는 목표를 훌쩍 넘는 수익률을 거뒀다. 김 씨는 2008년 여름 이후 주식투자를 쉬고 있다. 그는 구체적인 수익에 대해서는 밝히지 않았지만 9년간 생활비와 딸의 결혼 비용을 충당하고도 여전히 상당한 돈이 남아 있다고 귀띔했다.

'주식 좀 한다' 하는 사람들에게 주식으로 매년 20% 정도 수익을 올리고 싶다고 하면 대개 의아하다는 반응이 돌아온다. '고작' 20%를 기대한다면 뭐하러 주식에 손을 대냐는 것이다. 주식투자를 곧 '대박의 지름길'로 인식하는 데 따른 반응이다.

그러나 계산기를 한번 꺼내보자. 해마다 20%의 수익이 나고 이것을 복리로 쌓아두면 상당한 액수가 된다. 배당이나 주가상승으로 매년 20%씩 투자금이 불어나고 이것이 8년 동안 이어진다고 가정하자. 8년 후 투자금은 4배를 웃돈다. 1억 원을 투자했다면 8년이면 4억 3,000만원, 10년간 투자한다면 자산은 6억 원을 넘게 된다.

물론 해마다 20%씩 수익을 내기가 쉬운 일은 아니다. 그래도 투기성 주식을 잡아 몇 개월 사이에 수백 %씩 돈을 불리는 길보다는 훨씬 쉽고 현실적이다.

목표는 짧게 계획은 구체적으로

야심차고 거창한 목표는 스스로 만족스럽고 남에게 내세우기도 좋다. 하지만 실천이 따르지 못한다면 제아무리 원대한 목표도 '말짱 도루묵'일 뿐이다. 당연한 이야기지만 목표를 이루려면 실행이 뒷받침돼야 한다. 이를 위해서는 거창하기보다 명확하고 손에 잡히는 목표를 세우는 게 바람직하다. 달성 기한을 너무 길게 잡아서도 곤란하다. 시간이 흐를수록 목표가 희미해지고 각오가 무뎌지며 의욕도 저하되기 때문이다. 가능하다면 주 단위 월 단위로 목표를 잡는 편이 집중도를 높일 수 있다.

집을 짓는다고 할 때 '1년 안에 멋진 집을 지으리라'는 목표보다는 하루에 가로 1m, 세로 1m씩 벽돌을 쌓아 한 달 안에 벽공사를 마친다는 단·중기 목표를 잡는 편이 효과적이다. 당장 눈에 보이는 목표에 매달릴 때 집중도 잘되기 때문이다. 그리고 한 목표를 이루고 나면 성취감이 생기고, 이것은 다시 의욕으로 이어진다. 다음, 또 그 다음 목표로 줄기차게 나아갈 수 있는 에너지가 되는 것이다.

세상이 '빛의 속도'로 변화하는 가운데 기업에서도 이른바 '스피드 경영'이 화두가 됐다. 신속한 의사결정과 즉각적인 실행으로 급변하는 시장을 따라잡기 위해서다. '속전속결'이 지고至高의 선처럼 여겨지는 세상에서 화장품 회사를 운영하는 박동한(가명) 사장의 느려터진 행보는 답답할 정도다. 하지만 '우보牛步경영'을 철학으로 삼은 그는 더디지만 지속적인 성장을 통해 회사를 동종업계의 부러움을 사는 알짜 기업으로 만들어냈다.

100개가 넘는 국내외 화장품 업체에 납품하고 있는 그의 회사는 1990년 전 설립된 후 10여 년간 주문 회사의 기술을 받아다 물건을 만드는 OEM 방식으로 제품을 만들어왔다. 그렇게 기반을 닦은 후 자체 기술로 제품을 개발해 업체에 납품하는 ODM 방식으로 전환했다. OEM보다 마진이 높으니 '진보'를 이룬 셈이다. 얼마 전부터는 그동안 쌓은 기술력을 발판으로 제약 업계 대상의 OEM 사업에 진출해 영역을 한 뼘 더 넓혔다.

그의 회사는 창사 이래 세칭 '경이로운 성장'을 이룬 적이 없다. 박 사장 역시 한 번도 '화려한 성공담'의 주인공이 된 적이 없다. 하지만 그의 회사 매출은 꾸준히 늘고 거래처도 증가 일로에 있다. 웬만한 불황쯤엔 끄떡도 하지 않을 만큼 내실도 탄탄하다. 2008년 기준으로 매출액이 1,500억 원을 넘어 국내 화장품 업계에서 다섯 손가락 안에 든다. 더구나 2000년대 들어 화장품 업체들이 줄줄이 쓰러질 때도 이 회사는 매년 15%씩 판매가 늘어나는 모습을 보여줬다.

돌아보면 박 사장의 인생도 소걸음이었다. 잘나가는 금융회사에서 일하던 그는 사업을 직접 해보기로 결심하곤 작은 제약업체로 자리를 옮겼다. 중소기업의 비즈니스가 어떻게 돌아가는지 직접 배우기 위한 목적이었다. 10여 년 동안 그는 이곳에서 매년 연간 단위로 그 해 배워야 할 항목을 뽑고 차근차근 익혀 나갔다. 회사가 일터이자 곧 경영대학원이었던 셈이다. 공장장까지 승진한 그는 40대 중반 무렵 스스로 자질을 갖췄다는 확신이 들자 비로소 독립을 했다. 지금도 묵묵히, 그러나 꾸준히 성장을 거듭하고 있다.

작은 반복이 만드는 장기기억

간혹 연극을 관람할 때면 내용은 차치하고 배우들의 암기력에 우선 놀라게 된다. 보통 2시간이 훌쩍 넘는 공연 내내 대사를 줄줄 쏟아 내다니 말이다. 매 공연마다 그 많은 대사를 토씨 하나 틀리지 않고 외워낸 것을 보면 박수가 절로 나온다. 혹시 연극배우들은 암기력 테스트를 거쳐 뽑히는 것일까? 모두 IQ 200 정도의 천재들로만?

비결은 역시 연습이다. 연습을 하면 할수록 암기력도 향상된다. 평소 알고 지내는 한 배우에 따르면 한 공연을 준비할 때 대사 암기에 150시간이 걸렸다면 대사 분량이 비슷할 경우 다음 공연에서는 100시간, 그 다음 공연에서는 70시간 정도면 대본을 외울 수 있다고 한다. '사진기' 수준의 기억력을 타고나지 못했더라도 끊임없는 반복과 연습을 통해 암기력을 향상시킬 수 있다는 의미다. 줄거리를 떠올리며 연기와 곁들여 외우는 것도 암기에 도움이 된다. 하지만 가장 중요한 점은 반복해야 한다는 것이다. 인간의 뇌와 몸은 밑 빠진 독과 같아서 입력된 기억을 계속 흘려보내는 경향이 있다. 독의 수위를 일정하게 유지하려면 줄기차게 물을 더 부어넣어야 한다. 끈질긴 연습이 필요한 것이다.

기억력이 유달리 특출하지 않은 이상 보통 한 번 보거나 들은 것은 곧바로 잊기 마련이다. 자꾸만 사라지는 기억을 유지할 수 있는 길은 반복뿐이다. 일정한 간격을 두고 똑같은 내용을 외우고 반복해야 기억이 오래 유지된다. 인간의 두뇌가 그렇게 설계된 덕분이다. 뇌는 중요한 정보라고 판단되면 오래 기억하려는 습성이 있는데 반복적으로 같은 내용이 계속 들어올 때 이를 중요하다고 판단한다. 이때 정보를 전달하는 기능을 가진 시냅스를 많이 만들어내 단기기억을 장기기억으로 이관한다. 한 번 오래 보는 것보다 기억이 희미해질 무렵 같은 내용을 다시 보는 것이 효과적이다.

발명왕 토마스 에디슨이 남긴 메모와 서류는 모두 500만 장이 넘는다고 한다. 머릿속에 떠오른 아이디어와 실험과정을 적어둔 공책도 35권이나 된다. 세기의 천재로 손꼽히는 에디슨이니 전구에 불이 들어오듯 아이디어가 번쩍번쩍 떠오르고 필요할 때마다 머릿속에서 쏙쏙 꺼냈을 것 같지만 사실은 조금 전에 한 말도 금세 잊어버리는 '까마귀형' 인간이었고, 이 때문에 메모광이 되었던 것이다. 사소한 착상이 떠오를 때마다 이를 메모하고 여기에 또 다른 생각들을 더해 위대한 발명품을 탄생시킨 것이다. 생각의 주름을 겹겹이 쌓는 훈련과 지속적인 노력이 발명왕을 탄생시킨 원천이었다.

하찮은 곳에 성공의 씨앗이 있다

서울 충무로 인근 이면도로. 매일 새벽 이곳에는 오토바이나 자전거를 탄 사람들이 모인다. 버려진 박스나 종이를 찾아 나선 사람들이다. 인쇄소가 밀집된 충무로는 종이 소비량이 많은 만큼 폐지량도 엄청나다. 경제난이 심해지면서 폐지를 수집해 고물상이나 가공업체에 넘겨 돈을 벌겠다는 사람이 늘어났고 이로 인해 아침마다 폐지를 둘러싼 경쟁이 펼쳐지고 있다. 누군가 내다버린 쓰레기가 어떤 이에게는 생계의 수단이자 꿈을 이루기 위한 밑천인 것이다.

　중국 주롱제지 창업주인 장인張茵 회장은 실제 폐지로 꿈을 이룬 여장부다. 폐지 수집상으로 출발해 중국 최고의 여성 부호에 등극했다. 2006년에는 중국 내 모든 남성 갑부를 따돌리고 부자 서열 1위에 오르기도 했을 정도다. 폐지로 막대한 부를 일군 그녀를 사람들은 '폐지대왕'이라 부른다.
　장 회장의 폐지 사업은 1985년으로 거슬러 올라간다. 무역회사에서 포장종이를 수출해본 장 회장은 20대 후반의 젊은 나이에 홍콩으로 건너가 폐지수집 회사를 차리기로 했다. 당시 눈부신 경제성장과 더불어 홍콩 내 종이 수요가 폭발적으로 늘어나는 것에 주목했기 때문이다. 당시 종이 원료인 펄프 가격이 계속 오르면서 종이가격이 날로 치솟는 상황이었다. 이런 가운데 장 회장은 폐지를 재활용해 새 종이 못지않은 종이를 만들어 파는 사업에 상당한 전망이 있으리라 판단했다.

이후 그녀는 폐지를 회수하는 사람들을 일일이 찾아다니며 안면을 트고 거래 관계를 맺었다. 예상은 적중했다. 재활용 종이 수요가 폭발하기 시작했다. 사람들이 너도나도 폐지를 찾았고 그녀는 얼마 안 가 폐지 업계의 거물이 됐다.

하지만 장 회장은 여기서 만족하지 않았다. 작은 섬 홍콩에서 수거되는 폐지만으론 늘어나는 시장수요를 충당할 수 없었다. 그는 1990년 남편과 함께 미국으로 건너갔다. 미국에 무한정 널려 있는 폐지를 수입하기 위해서였다. 장 회장은 미국에서 모은 폐지를 중국으로 가져와 재가공한 후 질 좋은 포장지로 만들었고 이는 막대한 수입원이 되어줬다.

2006년 3월 주룽제지를 홍콩 증시에 상장하면서 본격적으로 주목받은 장 회장은 이제 전 세계 '제지대왕'을 꿈꾸고 있다. 하찮은 폐지에 뿌렸던 꿈의 씨앗이 착실히 자라 세계 최고의 제지기업을 바라보기에 이른 것이다.

현재 대단한 위용을 자랑하는 거대 기업도 그 첫걸음은 초라한 경우가 많다. 동네 구멍가게에서 출발한 경우도 즐비하고 사업아이템도 보잘 것 없던 경우가 태반이다. 하지만 하찮아

보이는 곳에서도 성공은 자란다.

유한양행의 창업자 유일한은 변변한 기업이라곤 전무했던 1960년대 한국을 대표하는 기업을 세웠고 지금까지도 가장 존경받는 기업인으로 남아 있다. 부친은 그가 10세 때 미국으로 보냈다. 나라를 빼앗긴 일제강점 시절 좁은 조선 땅에 남아 있지 말고 넓은 세상으로 나가 큰 인물이 되라는 바람이었다.

미국에서 줄곧 공부하며 미시건 대학에 들어간 유일한은 졸업 후 현지에서 제너럴일렉트릭^{GE}에 입사했다. 그러나 대학시절부터 손수건, 노리개, 양탄자 등을 팔면서 장사에 남다른 수완을 보였던 그는 입사 몇 년 만에 회사를 그만두고 사업의 길로 나섰다. 그가 처음 고른 장사 아이템은 숙주나물이었다. 무대는 디트로이트. 미국에 이민 온 중국인들이 타깃이었다. 만두나 야채볶음같은 중국 음식에 숙주가 많이 쓰인다는 데 착안한 것이다. 유수 대학을 졸업한 사람이 숙주나물 장사를 한다니 손가락질하는 사람도 적지 않았지만 유일한은 사업에 귀천은 없다고 생각했다.

장사는 순조로운 편이었지만 물건이 잘 팔릴수록 아쉬움이 커졌다. 유리병에 숙주나물을 담아 팔다 보니 무게도 무겁고 대량 판매도 어려웠기 때문이다. 이에 유일한은 포장을 개선할 방법에 골몰했다. 나물을 고온 처리해 통조림으로 만들면 보관 기간을 늘릴 수 있다는 아이디어가 떠올랐다. 대량 공급의 길이 열린 것이다. 그는 대학 동창 한 명과 함께 숙주나물 통조림 회사를 열었다. 구멍가게 장사를 기업 비즈니스로 끌어올린 것이다. 그리고 회사를 세운 지 4년 만에 50만 달러라는 거금을 모았고 이 자금은 그의 평생 사업의 발판이 되었다.

기다림도 투자다

누구나 좋은 결과를 빨리 보고 싶어 하는 게 인지상정이다. 시간이 곧 돈으로 여겨지는 이 시대에 속전속결은 대단한 미덕으로 꼽히기도 한다. 하지만 '로마는 하루아침에 이루어지 않았다'는 진부한 경구대로 오랜 시간의 무게는 생각보다 훨씬 큰 위력을 발휘한다.

임상옥은 19세기 초 활동했던 조선 최대의 거상이자 갑부로 알려진 인물이다. 국경 지역에서 인삼 무역에 뛰어든 그는 천재적 장사 수완을 발휘해 막대한 부를 축적했다. 빈민 구제에 힘

쓰는 등 자선도 많이 베풀어 중인 신분임에도 불구하고 사또 자리에 오르기도 했다. 그의 일대기를 다룬 소설 《상도》에는 그의 성공비결이 다양한 각도로 조명되어 있다. 그 수많은 성공일화를 관통하는 한 가지 키워드가 있으니 바로 '기다림'이다.

조선 최대 갑부인 임상옥에겐 장사 밑천을 빌려달라고 부탁하는 사람이 많았다. 임상옥은 그런 사람들이 찾아오면 흔쾌히 돈을 빌려 주곤 했다. 어느 날 한 장사꾼이 찾아와 머리를 조아렸다. 임상옥은 1년 뒤에 돈을 갚겠다는 다짐을 받고 돈을 내줬다. 장사꾼은 전국의 바닷가를 돌며 소금과 건어물을 매입해 해산물이 귀한 내륙지방에다 팔아 돈을 벌었다. 이번에는 농산물과 약초를 대량 사들여 해안 지방에서 팔아 더 큰돈을 모았다. 1년 뒤 그는 임상옥을 찾아와 돈을 갚으며 그간 돈을 번 이야기 보따리를 자랑스럽게 풀어놓았다. 주위 사람들은 수완이 좋은 상인이라며 고개를 주억거렸다.

하지만 임상옥은 그리 후한 평가를 하지 않았다. 때와 장소를 판단할 줄은 알지만 이익이 있는 곳만 좇아 다니는 그저 그런 상인에 불과하다는 게 그의 생각이었다. "비가 오면 우산을 만들고 비가 그치면 나막신을 만들어 파는 장사꾼은 때를 살필 줄 아니 어느 정도 돈을 벌 수 있겠지만 눈앞의 이익에 급급해 기다릴 줄 모르기 때문에 거부는 되기 어렵다. 또한 언젠가는 때를 잘못 만나게 되면 하루아침에 망할 수도 있다"며 고개를 가로저었다.

얼마 후 또 다른 장사꾼이 임상옥에게 돈을 빌리러 왔다. 그 역시 1년 뒤에 돌아와 갚는다는 약속을 했지만 1년이 지났을 때 빈털터리로 돌아왔다. 그리고는 1년 뒤에 갚을 테니 한 번만 더 도와달라며 손을 내밀었다. 다시 1년이 지났지만 그는 소식이 없었다. 2년, 3년…. 사람들은 그가 돈을 떼어먹고 달아났다며 혀를 차기 시작했다. 어느덧 8년이라는 시간이 흘렀을 무렵 '먹튀'의 주인공이 홀연히 나타났다. 그의 뒤에는 인삼이 가득 실린 수레 10대가 딸려 있었다. 빌려간 돈의 30배가 넘는 10만 냥 어치의 인삼이었다. 이 장사꾼은 그동안 빌린 돈으로 인삼 씨를 사서 깊은 산중에 심어놓고 인삼이 자라기를 기다렸다. 인삼은 6년 이상 자라야 최고 등급으로 높은 가격을 받을 수 있기 때문에 시간이 필요했다. 그는 5만 냥을 받고 수레에 실린 인삼을 모두 임상옥에게 넘겨줬다. 당시 5만 냥이면 평생을 먹고살고도 남는 돈이다.

이 장사꾼은 3,000냥을 빌려 9년 만에 5만 냥을 벌은 셈이었고, 임상옥은 5만 3,000냥을 투자해 10만 냥 어치의 최고급 인삼을 얻었다. 임상옥은 "큰 장사꾼은 시세나 시류를 좇아선 안 된다. 최소 5년 이상의 장래를 내다보고 계획을 세울 줄 알아야 한다"며 흐뭇한 표정으로 장사꾼을 배웅했다.

임상옥이 21세기에 살았다면 이 시대 최고의 큰 장사꾼으로 워렌 버핏을 꼽기에 주저하지 않았을 것이다. 세계 2위의 갑부인 그는 주식투자로만 막대한 부를 일궜다. 그와 만나 점심 한 끼 먹는 대가가 수억 원에 이를 정도로 그의 명성과 영향력은 대단하다. 그런데 이 대단한 인물의 투자원칙은 그야말로 단순하다. "10년을 보유할 주식이 아니라면 10분도 소유하지 말라"는 것이다. 몇 개월은 물론 몇 년 정도 보유할 만한 주식은 아예 처다보지도 말라는 게 그의 철칙이다. 실제 버핏은 투자한 주식 중 상당수를 수십 년 동안 단 한 번도 팔지 않았다. 버핏과 같은 가치투자에는 외부 변화에 좀처럼 흔들리지 않는 주식을 고르는 것이 무엇보다 중요하다. 한때의 유행이나 시류를 타는 기업 대신 꾸준히 발전하는 기업을 주목하라는 게 이 시대 투자의 현인이 귀띔하는 성공투자 비결이다.

핵심에
매달려라

영어 배울 시간에 연습을 더하겠다

인생은 어찌 보면 도박이다. 특히 톱의 자리에 오른 이들이 성
공에 이르기까지의 궤적을 살펴보면 이보다 더 적합한 표현은
없을 듯하다. 분야를 불문하고 '넘버 원'이 된 이들은 하나같
이 꿈과 목표를 위해 자신이 가진 모든 것을 던졌다는 공통점
이 있다. 단순히 오랜 기간 연습을 한다는 차원을 넘어 하나를
위해 가진 모든 것을 거는 큰 판의 도박을 한 경우가 많다. 배
짱만 믿는 무모한 베팅과는 차원이 다른 이야기다. 미칠 듯 좋
아하는 일을 택해 전후좌우를 철저히 분석한 뒤 된다는 확신이
들 때 승부수를 던지는 것이다.

골프 황제 타이거 우즈는 1997년 마스터스 골프대회에서 우

승을 차지한 후 미국 남자프로골프 메이저대회에서 14번이나 우승컵을 거머쥐었다. 그의 승부근성은 타의추종을 불허했고 대회에서 단 한 차례의 역전도 허용하지 않았다. 그런 우즈의 '역전불허' 신화는 2009년 아시아의 작은 나라에서 온 '무명의 시골뜨기'에게 일격을 당하며 마침표를 찍었다. 한국의 양용은 선수가 이변의 주인공이었다. 양 선수는 PGA챔피언십 마지막 라운드에서 우즈에 2타차로 뒤진 상황을 뒤집고 극적인 역전우승을 일궈내며 동양인 최초의 메이저 챔피언이라는 영예를 얻었다. 경기 후 우즈는 "양용은의 모든 것이 훌륭했다"며 깨끗이 승복했다. 미국 골프계는 이 게임을 '2009년 최고의 명승부'로 꼽기에 주저하지 않았고 양 선수에겐 '호랑이 조련사'라는 별명이 붙게 됐다.

양 선수에겐 당연히 세계 언론의 스포트라이트가 쏟아졌다. 그런데 골프 황제를 꺾은 소감과 향후 포부를 밝히는 한 인터뷰에서 그는 대단히 인상적인 말을 남겼다. 영어공부에 관한 소신이었다. 세계무대 활동을 위해 영어를 배워야 하는 것 아니냐는 기자의 질문에 그는 이렇게 답했다. "영어를 능통하게 말하려면 엄청난 시간을 투자해야 할 텐데 그럴 시간이 있으면 연습장에 한 번이라도 더 나가 실력을 키우는 게 나을 것 같습니다. 의사소통이야 통역의 도움을 받으면 되지 않을까요?"

물론 미국에서 활동하는 데 유창한 영어가 도움이 된다는
데는 이견이 있을 수 없다. 하지만 골프선수에게 가장 중요한
것은 뭐니 뭐니 해도 골프 실력이다. 영어는 그 다음 문제다.
약점을 보완하고자 시간과 공력을 들이는 것보다는 같은 노력
을 본업에 쏟아붓는 것이 효과적일 수 있다. 강점과 장점에 집
중하는 것, 그것이 성공의 지름길임을 양 선수는 이미 깨닫고
있었다.

전부를 걸어라

도박과 사업엔 공통점이 있다. 베팅한 돈에 비례해서 돈을 벌
게 돼 있다는 점이다. 실패가 두려워 이런 저런 안전장치를 만
들다 보면 힘과 노력이 분산될 수밖에 없다. '크게' 성공할 수
없는 것이다. 인생도 마찬가지다. 목표를 위해 자신의 전부를
걸 때 그 성과는 극대화된다.

중국이 낳은 세계적 피아니스트 랑랑郎朗은 뛰어난 음악성은

물론 튀는 행보로도 화제를 몰고 다닌다. 독창적인 연주 스타일과 과장된 몸짓, 가죽점퍼와 청바지 등 격식을 무시한 연주복 등은 열렬한 호응과 비난을 함께 얻으며 그의 유명세를 더하고 있다.

언론에서도 랑랑은 단연 화제의 인물이다. 미국 CNN은 2009년 '세계에서 가장 유명한 피아니스트'라는 타이틀로 "전 세계 수백만 어린이들이 랑랑 덕분에 피아노를 배우기 시작했다"며 그가 가진 영향력을 소개했고 〈타임〉은 '세계에서 가장 영향력 있는 100인'에 그의 이름을 올렸다. 중국 클래식 음악의 아이콘이 된 그는 아우디, 롤렉스, 몽블랑 등 세계 최고의 브랜드가 앞다퉈 모시는 광고모델이 됐고 기업들은 그의 이름을 딴 상품을 경쟁하 듯 내놓으며 '랑랑 열풍'에 열기를 더하고 있다.

일각에서는 랑랑이 여느 피아니스트와 다른 튀는 스타일로 한몫을 봤다고 평하기도 한다. 하지만 그의 성공을 외적 요인으로 돌리는 것은 부당해보인다. 랑랑은 '넘버 원'이 되기 위해 자신의 인생을 걸었기 때문이다. 아들의 음악적 재능을 알아본 아버지에게 이끌려 그는 글보다 음표를 먼저 배웠고 3세 무렵부터 매일 6~8시간씩 피아노를 쳤다. 1년 365일 2,000시간을 피아노 앞에서 보내며 11세가 될 때까지 무려 2만 시간

이상을 피아노에 쏟아부었다. 보통 한 악기를 전문가 수준으로 연주하는 데 1만 시간 정도의 연습이 필요하다고 하니 랑랑의 연습량이 어느 정도였는지 짐작하기 어렵지 않을 것이다.

어린 소년이 피아노에 올인하게 된 것은 부친의 열정 덕분이었다. 랑랑의 아버지는 중국의 전통 악기 연주자이자 경찰이었다. 그는 아들의 음악적 성공에 자신의 인생을 걸었다. 랑랑이 베이징 음악원에 수석으로 입학하자 아버지는 직장까지 그만두고 선양을 떠나 아들을 뒷바라지했다.

아버지는 아들에게 매일 연습량을 정해주고 점검했으며, 레슨마다 따라다니며 아들의 발전을 독려했다. 아이의 재능을 더욱 키워 줄 스승을 백방으로 찾아 나서기도 했다. 아들을 해외 콩쿠르에 출전시키고자 빚까지 얻어가며 여비를 마련했다.

중국에서 상당한 성공을 거둔 랑랑은 15세가 되던 해 미국으로 건너갔다. 더 큰 무대에 오르기 위해서였다. 하지만 아메리카 드림은 녹록치 않았다. 매니지먼트 회사의 정식 소속 아티스트가 되지 못한 그는 대타 역할이라도 맡기 위해 대기자 명단에 이름을 올리고 무작정 때를 기다렸다. 그러기를 2년이 지난 1999년 17세의 랑랑에게 인생을 바꿀 기회가 찾아왔다. 시카고심포니와 협연하기로 되어 있던 피아니스트가 갑작스런 건강 악화로 무대에 서지 못하게 된 것이다. 덕분에 랑랑은 1만 2,000여 명의 청중 앞에서 연주를 하게 됐고 뜨거운 환호를 받았다. 랑랑은 이후 베를린필 · 빈필 등 세계 유명 오케스트라와 무대에 섰고 중국인 피아니스트로는 최초로 미국 5대 오케스트라와 협연하는 기록을 세우게 됐다. 2008년 베이징올림픽 개막식에선 클래식 연주자로는 유일하게 무대에 올라 13억 중국 인구를 대표하는 주자가 됐다.

 ## 권력관계를 따져보라

전부를 걸어야 성공할 수 있다. 맞는 말이지만 문제가 있다. 과연 어디에 모든 것을 걸어야 하느냐는 것이다. 이것도 가능성이 보이고 저것도 전망이 밝아 보인다. 평소 선택의 훈련이 되어 있지 않은 사람일수록 인생을 걸 만큼 중요한 기회를 알아보기란 쉽지 않다.

이럴 때 참고할 만한 개념이 바로 권력관계다. 세상사 모든 일에는 권력관계가 존재한다. 권력이란 '물질적 혹은 정신적으로 이익이나 손해를 주거나 줄 능력이 있어 다른 사람을 움직이게 만드는 힘'으로 정의할 수 있다. 예를 들어보자. 회사에서 직원들은 오너에게 노동을 제공하고 월급을 받는다. 하청업체는 대기업에 물건을 만들어 납품하고 대금을 받는다. 이때 오너와 대기업은 대가를 주어 직원과 하청업체가 일을 하도록 한다는 점에서 권력자다. 그리고 오너와 직원, 대기업과 하청업체 간 관계가 바로 권력관계다.

이러한 권력관계는 일과 일 사이에도 존재한다. 어떤 일은 대단히 중요해서 이어지는 다른 일에 영향을 미친다. 그것이 바로 권력을 지닌 일이다. 학창시절 시험을 치르던 기억을 떠올려보자. 일반적인 경우 한 시험에서 절반 이상은 쉬운 문제가, 몇 개는 어려운 문제가 출제된다. 쉬운 문제부터 풀면 일단 기본 점수를 확보할 수 있다. 점수를 어느 정도 확보한 만큼 심리적인 안정감을 가질 수 있다. 이로 인해 고난이도 문제를 풀 때 머릿속이 백지장처럼 하얘지는 현상을 막을 수 있다. 문제 간 권력관계를 이해한 사람은 시험에 전략적으로 접근할 수 있다. 반면 무조건 1번부터 문제를 푸는 사람은 중간에 도사린 최고난도 문제와 씨름하느라 시험시간을 다 써버릴 수도 있다. 문제 간 권력관계를 이해하지 못한 결과다.

모든 자원이 모든 사람을 만족시킬 정도로 풍족하다면 권력관계는 발생하지 않을 것이다. 누구나 돈이 넘치도록 많다면 일을 하는 사람과 일을 시키는 사람 간의 권력관계가 생길 이유가 없다. 시간이 무한정 주어진다면 시험문제 간의 권력관계는 효력이 사라진다.

하지만 현실은 정반대다. 모두가 만족할 만큼 풍족한 것은 아무것도 없다. 능력도 시간도 돈도 부족하기만 하다. 그래서 사람들은 언제나 무엇을 취하고 무엇을 버릴지, 누구를 위해 먼저 움직여야 할지 선택해야 한다. 이를 위해서는 사람과 일 간의 권력관계를 이해하는 것이 대단히 중요하다. 누가 권력을 쥐고 있는지, 어떤 일이 권력에서 우위에 있는지 파악해야 하는 것이다.

성공한 사람들은 선택의 상황에서 우선순위를 가리는 데 능한 것이 특징이다. 가능한 최선을 그리고 가장 큰 효과를 얻을 수 있는 것을 골라낸다. 우선순위가 헷갈린다면 이렇게 자문해보자. "지금 당장 나에게 가장 중요한 게 뭐지?" 가장 중요한 것을 골라냈다면 나머지는 과감히 포기할 수 있어야 한다.

무릇 일에는 순서가 있다. 순서만 잘 정해도 일은 순조롭게 진행된다. 시간과 노력이 적게 들어가는 것은 당연지사다.

아이들이 가지고 노는 블록 장난감을 생각해보자. 새로 산

블록 상자에서 블록을 꺼냈다 다시 담는 일은 쉽지 않다. 분명한 상자에서 나왔는데 모두 넣으려니 뚜껑이 닫히질 않는다. 상자가 갑자기 작아진 것도, 블록이 늘어난 것도 아닐 텐데 기이하기 짝이 없다.

'블록의 미스터리'는 정리의 순서를 알면 금세 해결된다. 처음처럼 블록을 순서대로 차곡차곡 담으면 되는 것이다. 아무렇게나 블록을 쓸어 담으면 블록 사이사이에 빈공간이 생긴다. 필요한 블록을 찾으려 해도 내용물을 모두 들어내야 한다. 그러나 순서를 정해 정리를 해두면 보관도 쉽고 다음 번 놀 때도 편하다.

일의 우선순위를 정할 때도 평소 생각을 차곡차곡 정리해두는 습관이 큰 도움이 된다. 이것이 몸에 익으면 아무리 복잡하게 얽힌 일이라도 권력관계를 수월하게 파악하고 전략적인 판단을 내릴 수 있다.

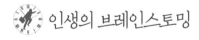 인생의 브레인스토밍

브레인스토밍은 특정 시간 동안 같은 공간에서 한 가지 사안을

놓고 여러 사람들이 동시에 자유롭게 생각을 제시하는 아이디어 도출기법이다. 짧은 시간이지만 여러 사람이 동시에 몰입하는 만큼 효과가 높다.

브레인스토밍의 원리는 업무나 인생 목표에도 적용할 수 있다. 한 가지 목표를 세우면 시한을 정해 자신이 가진 모든 역량을 투입하는 것이다. 일정한 기간 집중적인 몰입을 통해 목표를 달성하는 방법이다. 여기서 중요한 것은 '한 가지'에 집중한다는 점이다. 동일한 시간 동안 동일한 에너지를 쏟았다고 해도 여러 가지 일을 기웃거린다면 원하는 바를 이루기 어렵다.

김오연(가명) 씨는 지인들 사이에 카멜레온으로 통한다. 만날 때마다 직업이 바뀌어 있는 까닭이다. 그가 사회생활을 시작한 곳은 증권사였다. 영업맨으로 능력을 인정받더니 딜러로 변신해 자리를 잡는 듯했다. 그런데 얼마 뒤엔 자동차 영업사원으로 명함을 바꿔 나타났다. 자동차 판매 전망이 밝다는 이유였다. 하지만 여기서도 2년을 못 넘기고 보험회사로 자리를 옮겼다. 지인들은 그를 '이직의 달인'이라 부르기 시작했다.

보험회사 생활도 오래가진 않았다. 이번에는 사업을 하겠다

고 나섰다. 집안 돈을 끌어다 입시학원을 차렸다. 하지만 실적
이 기대에 미치지 않자 소리 소문 없이 회사 문을 닫았다. 그러
더니 갑자기 공부를 더 해야겠다며 대학원에 진학했다. 석사학
위를 딴 후 조그만 잡지사에 들어가는가 했더니 얼마 지나지
않아서 스포츠의류 회사에 취직을 했다며 연락이 왔다. 그 후
한동안 소식이 뜸했다. 과장으로 승진했다는 소리도 들렸다.
드디어 정착을 했나 싶었다. 하지만 아니나 다를까. 그는 친구
들과 함께 이벤트 사무실을 열었다고 연락해왔다. 그리고 지금
은 부동산개발 사무실을 준비한다는 소문이다.

반면 김오연 씨의 고교동창인 최성욱(가명) 씨는 고교 졸업
후 지금껏 십수 년간 한우물만 팠다. 그는 학창시절 성적이 좋
지 않아서 대학진학을 포기하고 장사로 눈을 돌렸다. 평소 멋
부리기에 관심이 많았던 그는 동대문 시장에서 옷을 떼어다
파는 작은 옷가게를 차렸다. 옷을 고르는 안목과 손님 대하는
수완이 남달랐던 최성욱 씨는 창업 3년 만에 가게를 열 때 빌
렸던 대출을 모두 갚았고 가게도 하나 더 냈다. 2개 점포를 운
영하며 장사에 자신을 얻은 그는 유명 의류업체 남성복 대리
점을 제법 큰 규모로 열었다. 지금은 대리점 3개를 운영하는
어엿한 사장님이 되어 있다.

몰입의 위력

19세 대학생에게 기하학 책은 너무 어려웠다. 첫 장부터 도무지 알아먹기 힘든 내용의 연속이었다. 깨알 같은 설명은 읽을 엄두도 내기 어려웠지만 포기하지 않았다. 첫 페이지를 세 번 연속 읽으니 어렴풋이나마 감이 잡혔다. 세 번을 더 읽으니 그제야 무슨 얘기를 하는지 조금 이해할 수 있었다. 페이지를 넘겼지만 다시 눈앞이 깜깜해졌다. 앞 장에서 읽은 내용까지 오락가락해졌다. 스스로의 아둔함에 화가 치밀었다. 하지만 오기가 났다. '이판사판, 어디 끝장을 한번 내보자!' 다시 첫 페이지부터 읽어나갔다. 열 번이고 스무 번이고 같은 내용을 정독했다. 그렇게 하루에 7~8시간씩 결국 그는 한 달 만에 두툼한 기하학 책을 독파할 수 있었다. 물론 내용도 완전히 깨우쳤다.

난공불락 같았던 기하학 책을 독파하고 나니 자신이 붙었다. 다른 수학책을 손에 들었다. 방법은 똑같았다. 막힐 때마다 책을 처음부터 다시 읽어나갔다. 내용을 완전히 이해할 때까지 무한반복이 이어졌다. 매일 10시간 이상 책을 손에 달고 살았다. 책에만 파묻혀 밥 먹는 것도 잊은 채 지내니 꼴이 말이 아니었다. 얼굴은 푸석푸석, 눈은 토끼눈이 됐다. 하지만 어려운 수학책을 한 권씩 정복해나가는 즐거움에 그는 도무지 힘든 줄 몰랐다. 이렇게 1년이 지나자 대학에서 지정해준 수학교과서를 모조리 끝냈고 6개월이 더 지나니 수학과 교수들보다도 책을 더 많이 읽고, 더 많이 아는 학생이 되어 있었다.

가히 독종의 지존이라 할 만한 이 학생은 근대 과학의 창시자라 불리는 영국의 아이작 뉴턴이었다. 흔히 뉴턴은 어느 날 나무에서 사과가 떨어지는 광경을 보고 '만유인력의 법칙'을 찾아낸 천재 과학자로 알려져 있다. 하지만 기하학 책을 읽으며 땀을 뻘뻘 흘렸던 그의 일화에서 짐작할 수 있듯이 뉴턴은 타고난 천재라기보단 노력파에 가까웠다.

물론 뉴턴은 어려서부터 공부를 잘하는 아이였다. 하지만 탱자탱자 놀면서 아무도 풀어내지 못하는 난제를 척척 해결해내는 타입이 아니었다. 누구보다도 많은 시간을 들여 공부에 몰입하고 연구에 힘썼다. 흔한 사과 한 알에서 과학사에 길이 남을 법칙을 포착하고, 나아가 근대 과학의 창시자로 남은 비결은 바로 이런 오랜 연습과 훈련이었다.

결핍은 몰입을 만든다

수수께끼 하나. 한국 여성과 미국 여성 중 프로골퍼로 성공할
가능성이 높은 쪽은? 답은 한국 여성이다. 선뜻 수긍하기 힘들
것이다. 아니, 미국은 골프의 천국인데 어떻게 한국 여성이 프
로가 될 확률이 높다는 말인가? 사실 한국의 골프 인프라는 미
국과 비교하기 민망할 정도다. 당장 골프장 수부터 엄청난 차
이가 난다. 한국 내 골프장이 200여 곳에 불과한 데 비해 미국
의 경우 무려 1만 5,000곳이 넘는다. 비용 차이도 어마어마하
다. 한국에선 필드에 한 번 나가려면 아무리 비용을 낮게 잡아
도 최소 15만 원은 있어야 하지만 미국의 경우 10분의 1 정도
돈이면 충분하다.

　턱없이 부족한 골프장과 값비싼 이용료로 한국의 골프 꿈나
무들은 언제나 연습에 굶주려야 했다. 그러던 무렵 골프 연습장
이 대안으로 떠올랐다. 골프 연습장만큼은 세계 어느 나라 부럽
지 않게 많은 곳이 한국이다. 좁은 땅에도 얼마든지 설치할 수
있기 때문이다. 부모들은 아이들을 골프장 대신 골프 연습장으
로 보냈다. 집중적인 연습을 하기엔 실제 골프장보다 오히려 적
절한 환경이었다.

결핍이 꼭 불리한 것만은 아니다. 완벽한 환경이 갖춰졌을 때보다 더 좋은 결과로 이어지는 경우도 드물지 않다. 미국 여자프로 골프대회가 열리면 상위 10위권 가운데 5~6명이 한국 선수라는 것은 이 같은 진리를 입증한다. 골프인구 대비 프로 성공률로 따지면 대단한 성적이다.

뭔가 부족하면 그것을 채우기 위해 좀 더 열심히 노력하게 된다. 자신이 가진 결핍이나 불리한 여건을 탓하는 대신 이를 동력으로 활용할 방법을 찾자.

나는 다르다
고로 성공한다

남과 다름이 경쟁력이다

진정한 전문가라면 주어진 정답은 물론 새로운 해답까지 찾아 내놓을 수 있어야 한다. 어떤 분야든 경쟁이 치열한 요즘 같은 상황에서 남과 같다는 것은 곧 경쟁력이 없다는 뜻이다. 반대로 남과 다르다는 것은 경쟁에서 유리한 위치를 점할 수 있는 무기가 된다. 똑같이 1만 시간의 연습을 하더라도 남과 다른 선택과 도전을 하는 사람은 훨씬 큰 효과를 얻을 수 있다. 남들이 다하는 일에 뛰어들어 분투하기보다는 무주공산無主空山인 분야를 찾아 노력을 쏟는 편이 더 나은 결과를 도출하기 쉽기 때문이다. 때론 불리한 환경이 전혀 새로운 길을 찾도록 만드는 원동력이 되기도 한다.

1984년 미국 뉴욕. 한국에서 온 한 청년이 JFK 공항에 내렸다. 손에는 아트스쿨로 이름난 뉴욕 프랫인스티튜트^{Pratt Institute} 입학 허가서가 들려 있었다. 최고의 예술가를 꿈꾸며 태평양을 건넌 그의 얼굴엔 희망이 넘쳤다. 하지만 막상 그를 기다리고 있는 것은 가난하고 고달픈 유학생활이었다. 뉴욕의 값비싼 생활비를 감당하려면 돈을 벌어야 했다. 학교에서 돌아오면 옷도 갈아입는 둥 마는 둥 아르바이트를 하는 가게로 달려가 점원으로 일하고 짬짬이 노점상으로라도 나서야 입에 풀칠을 할 수 있었다. 제대로 그림을 그릴 장소도, 시간도 충분치 않았지만 매일 고된 노동으로 파김치가 되어 돌아오면 머릿속의 구상을 그림으로 옮길 여력 자체가 남아 있질 않았다.

하지만 예술에 대한 그의 열정은 돌파구를 만들어냈다. 자신의 상황에 딱 맞는, 게다가 전혀 새로운 작품을 만들 수 있는 아이디어가 떠올랐던 것이다. 그는 당장 캔버스를 가로 세로 3인치(약 7.6cm) 크기로 잘랐다. 손바닥에 쏙 들어갈 만한 크기였다. 청년은 이렇게 만든 미니 캔버스를 외투 주머니에 넣고 다니며 지하철로 학교와 일터를 오갈 때마다 그림을 그렸다. 어느 날엔 캔버스에 수를 놓았고 어느 날엔 잘게 자른 색종이를 붙이기도 했다. 하루하루 지날수록 그의 방 한쪽에는 작은 그림들이 수북하게 쌓여갔다.

그러던 어느 날 마침내 그에게 '노상 역작'을 전시할 기회가 찾아왔다. 그는 그동안 작업한 미니 캔버스들을 모아 붙여 하나의 작품으로 엮어냈다. 거대한 모자이크를 연상시키는 그의 작품은 화려하고도 웅장한 매력으로 보는 사람의 시선을 사로잡았고, 전에 없던 획기적인 작품 방식에 대한 찬사와 더불어 그는 단숨에 주목받는 화가로 떠올랐다. 어쩌면 가난이 선사한 선물이었다.

이 청년은 바로 현재 한국을 대표하고 있는 설치미술가 강익중이다. 이 '3인치 회화'는 그의 트레이드마크가 됐고 미국과 유럽 등 세계 화단에서 인정받는 한국 작가로 부상하는 기반이 됐다. 더불어 불리한 조건에서 남다른 시각과 상상력으로 새로운 경쟁력을 만들어낸 혁신 사례로 남게 됐다.

도전하기에 너무 늦은 나이는 없다

강덕수 STX 회장은 10년 전만 해도 일개 샐러리맨이었다. 하지만 지금 그는 한국을 대표하는 재계 총수로 자리 잡았다. '샐러리맨의 신화'로도 불리는 강 회장의 성공 비결 역시 남과 다른 선택이었다. 10년간 그는 다른 사람의 눈에는 상식 밖인 일을 벌였고 그를 통해 성공을 거머쥘 수 있었던 것이다.

1973년 쌍용양회에 공채사원으로 입사한 강 회장은 쌍용 계열사에서 20년을 근무했다. '비주류'라는 이유로 임원 승진에서 번번이 탈락했던 그는 1992년 드디어 쌍용중공업 임원으로 발탁됐다. 그런데 2000년 그가 몸담고 있던 쌍용중공업이 존폐의 기로에 놓이게 됐다. 외환위기 이후 경영난을 겪던 쌍용그룹이 자구책으로 쌍용중공업을 매물로 내놓은 것이다. 하지만 회사를 인수하겠다는 사람은 나오지 않았다. 심지어 기업인수합병 업계에선 '천덕꾸러기'로 여겨지는 분위기였다.

우여곡절 끝에 회사는 한 외국계 컨소시엄에 헐값으로 넘겨졌다. 컨소시엄은 당시 관리담당 임원이던 강 회장을 대표이사로 선임했다. 하지만 회사 분위기는 좀처럼 나아지지 않았다. 이 때 강 회장은 일생일대의 승부수를 던졌다. 임직원과 힘을 모아 회사를 인수하기로 한 것이다. 당시 그의 나이 50세. 동년배들은 서서히 은퇴를 준비하는 나이였다. 새로운 도전을 하기엔 너무 늦은 나이로 여겨지기도 했지만 그는 비장한 각오로 남과 다른 길을 택했다.

강 회장은 곧바로 사재를 털어 회사 주식을 사 모았다. 살고 있던 아파트까지 팔아 20억 원이라는 돈을 털어 넣었다. 덕분에 가족은 전셋집으로 옮겨야 했다. 자녀들에게는 일이 잘못되면 학비도 내주기 힘들어 질 것이라고 알렸다. 회사 문을 닫기 직전까지 갔던 쌍용중공업은 STX란 이름으로 거듭났고 강 회장은 대표이사로 취임했다. 배수진을 친 강 회장과 임직원들은 똘똘 뭉쳐 경영 체질을 개선해갔다. 회사가 어느 정도 안정되자 그는 남들이 눈여겨보지 않는 회사를 사들여 몸집을 키우기 시작했다. 첫 번째 타깃은 현 STX조선해양의 전신인 대동조선이었다. 주인이 5번이나 바뀌며 경영난에 처했던 대동조선에서 강 회장은 가능성을 읽었다. 판단은 적중했다. STX조선으로 사명을 바꾼 대동조선은 성장을 거듭해 세계 수위권의 조선사로 부활했다. 이와 함께 강 회장은 2002년 산단에너지, 2004년 범양상선을 잇달아 사들였고 2007년에는 세계 최대 크루즈선 건조회사인 노르웨이의 아커야즈까지 인수하는 등 기업 확장에 박차를 가하며 STX를 4만 6,000명 임직원과 15개 계열사를 거느린 굴지의 대기업으로 일궈냈다.

사람들은 대개 상식대로 살아간다. 50세 샐러리맨 가장이

다니던 회사를 사들여 사장이 된다는 것은 어쩌면 상식 밖의 일이다. 경영자가 남들이 거들떠보지 않는 회사를 사겠다 나서는 것도 상식과는 동떨어져 있다. 또한 한국의 기업 문화에서 외국 회사, 그것도 크루즈 건조회사라는 생소한 기업을 인수하는 것도 상식엔 들어맞지 않는다. 그러나 강 회장은 세상의 상식대로 살지 않았고 세상이 상식대로만 움직이지 않는다는 것을 입증했다.

🕳️ 독창적 신념이 비범함을 만든다

스페인 바르셀로나의 사그라다 파밀리아 대성당은 그 독특한 외관 덕분에 관광 필수코스가 된 곳이다. 170m 높이의 첨탑 8개로 상징되는 기하학적 곡선과 유기적인 형태가 돋보이는 이 성당을 보기 위해 매년 수백만 명의 관광객이 스페인을 찾는다. 그런데 인간의 손으로 빚어낸 것이라 믿기 힘들 정도로 특이한 이 건축물을 구석구석 자세히 뜯어보면 어딘지 친숙한 이미지가 떠오른다. 바로 자연이다. 달팽이를 연상시키는 나선형 계단, 벌집을 닮은 뾰족탑, 꽃잎을 포갠 듯한 천정 장식 등은 자연에서 비롯된 영감을 고스란히 담고 있다.

'세계 건축예술'로 첫손에 꼽히는 아그라다 파밀리아 대성당은 스페인의 천재 건축가 안토니 가우디^{Antoni Gaudi}의 역작이다. 대학교에서 건축을 전공한 그는 학창시절부터 기발한 아이디어와 번뜩이는 천재성으로 두각을 나타냈다. 대학시절 그는 전공 과제로 공동묘지 입구와 문을 설계하게 됐다. 다른 학생들은 기존의 공동묘지 입구와 교과서에 적힌 원칙을 참조해 건축물 자체의 분위기와 장식에 신경을 쓴 설계도를 제출했다. 가우디 역시 장엄하고 엄숙한 느낌이 나는 입구를 설계했지만 한 가지 다른 점이 있었다.

그의 설계도에는 어두운 하늘과 슬프게 우는 조문객의 행렬의 그림이 함께 담겨 있었다. 건축물 설계는 사람을 위한 것이니 반드시 사람과 더불어 사는 자연을 고려해야 한다는 이유였다. 물론 교수들은 가우디의 파격적 주장에 귀를 기울이지 않았다. 일부 교수는 가우디의 생각이 너무 엉뚱하다며 못마땅해하기도 했다. 그러나 그런 평가에 개의치 않고 그는 졸업 후 건물을 설계하며 독창적 신념을 구현하기 시작했고, 그 신념은 자연을 닮은 사그라다 파밀리아 대성당이라는 걸작을 탄생시켰다.

남과 다름은 그 자체로 장점이자 경쟁력이 될 수 있다. 모두가 똑같은 일을 동일한 방식으로 대한다면 경쟁만 가열될 뿐 노력대비 성과는 갈수록 적어진다. 하지만 남과 다른 일에 차별화된 방식으로 접근하면 상대적으로 적은 노력을 들이더라도 큰 보상을 얻을 수 있다.

모두 가는 길이 언제나 옳지는 않다

사람은 사회적 동물이다. 혼자 있을 때보다는 무리에 속할 때 안도감을 얻는다. 어떤 길이 옳은지 그른지를 떠나 남들이 가는 길에 동참했다는 사실만으로 편안하게 느끼기도 한다. 웬만한 소신이 없고서는 혼자 다른 길을 택하기 어려운 게 사실이다. 설령 생각이 다르더라도 주변의 눈치를 살피고 남들이 하는 방식을 따르는 경우가 많다.

2003년 세상을 경악시켰던 대구지하철 화재. 자신의 신병을 비관하던 한 지적장애인의 방화로 지하철에 타고 있던 수많은 사람이 목숨을 잃었다. 그런데 이 참사는 사람들의 집단적 행동이 내포하고 있는 위험성도 보여줬다. 생존자들의 증언과 불에 탄 지하철 내부 사진을 재구성해보면 차내에 불길이 번지기 전까지 10여 분 정도의 시간이 있었다. 승객들이 탈출하기에 충분한 시간이었다. 하지만 사람들은 차량 안에 연기가 자욱하게 스며들고 불길한 소음이 들려오는 상황에서도 그대로 지하철 좌석에 앉아 있었다. 많은 사람이 연기를 보고 소음을 들으면서도 누구도 위험을 알아채지 못했던 것이다. 원인은 '다중'에 있었다. 만약 당시 사고가 난 칸에 한 명만 타고 있었다면 연기가 나고 소음이 들리는 즉시 차에서 빠져나가고자 했을 것이다. 하지만 수많은 사람이 차내에 있는 상황에선 옆 사람이 별다른 반응을 보이지 않는 것을 보곤 '아무 일도 아닌가보다'라는 왜곡된 판단이 자리 잡았을 가능성이 크다. 마음 한편에 불안이 일었더라도 모두 가만히 있는 상황에서 위험을 확신하기 어려웠으리란 것이 전문가들의 분석이다.

실제 EBS에서 이와 관련된 실험을 한 적이 있다. 실험 참가자들이 대기하고 있는 방 문틈으로 연기를 흘려보내 건물에 불이 난 것 같은 상황을 연출했다. 대기실에는 실험의 진짜 목적을 알고 있는 4명의 공모자와 실험에 대한 정보가 없는 한 명의 피실험자가 기다리고 있었다. 공모자들은 사전에 연기가 나와도 움직이지 말라는 지시를 받았다. 실험이 시작되고 방안에 연기가 자욱해졌다. 한 명의 피실험자는 당황해하며 주위를 둘러봤지만 모두 아무 일도 없다는 듯 행동하는 것을 보자 그냥 자리를 지켰다. 그리고는 한참을 그대로 앉아 있었다. 몇 차례 실험을 반복했지만 피실험자 중 대기실에서 탈출을 시도한 사람은 없었다. 실험 후 연기가 들어오는데도 왜 방에서 나가지 않았느냐는 질문에 피실험자들은 "다른 사람들이 모두 가만히 있었기 때문"이라고 답했다. 대구지하철 참사와 똑같은 상황이었다.

모두 가는 길이 반드시 옳은 길은 아니다. 때론 안도감을 주는 길이 비극으로 안내할 수도 있다. 투자의 세계에서는 특히 그 위험성이 두드러진다.

전설적인 펀드매니저 로버트 멘셜Robert Menschel과 같은 최고의 투자전문가들은 이렇게 말한다. "모두가 가는 길은 위험한 길이다. 섞이지 말고, 냉정하게 그들이 가는 길을 주시하고 나만의 생각으로 판단하라."

서울 강남의 큰손이라고 하면 보통 수백억 원에서 수천억 원을 예사로 굴리는 거부들이다. 굴리는 돈이 클수록 언론 노출을 꺼리고 이름이 알려지는 것을 기피하지만 필자가 취재를 하는 과정에 가끔 그 노하우를 들을 기회가 있었다. 지금껏 들어본 중 가장 간단하고 인상적이었던 것은 50대 큰손인 오진섭(가명) 씨가 귀띔해준 노하우다. 그는 부동산이나 주식을 사거나 파는 시점을 언론의 보도를 보고 결정한다고 한다. 그의 설명에 따르면 신문 1면 기사에 '증시 연일 폭등' '○○종목 사상 최고치' '부동산 없어 못 산다' 등의 기사가 나오면 팔아야 할 시점이 다가온 것이며 TV 뉴스에서 비슷한 기사를 머리기사로 다루기 시작하면 주식이나 부동산 가격이 이른바 '꼭지'에 도달한 것이다. 이때는 뒤도 돌아보지 않고 주식과 부동산을 팔아 자산을 현금화한다. 반대로 '증시 신저점 기록' '○○종목 최저치 갱신' '부동산 최악의 침체' 등의 비관적 기사가 신문 1면에 등장하면 슬슬 투자를 시작할 때가 온 것이고 TV 뉴스가 비슷한 기사를 쏟아내면 어떤 아이템을 사도 가격이 오르는 이른바 '물반 고기반' 시장이 형성됐다는 의미다. 사실 언론 보도라는 게 원래 많은 사람이 생각하는 것을 뒤늦게 전달하는 속성이 있다. 특히 방송 뉴스의 경우 후행적 성격이 강하다. 따라서 언론을 통해 기사화됐다는 것은 이미 많은 사람이 그 방향으로 갔으며 유행이 되었음을 의미한다.

오진섭 씨는 모두가 가는 길을 피해야 하는 이유를 이렇게 설명한다. "투자가 제로섬$^{zero-sum}$게임이기 때문에 극소수만이 성공할 수 있다. 누군가 이익을 얻으면 누군가는 반드시 손해를 봐야한다. 따라서 큰 이익은 한 사람을 제외한 모두가 손해를 볼 때 나온다. 한 사람이 손해를 보고 나머지 모두가 이익을 볼 수도 있지만 그때 이익은 너무 적어 이익이라고 하기도 어렵다."

앞의 대기실 실험과 마찬가지로 투자자들도 남들과 같은 방향으로 갈 때 안정감을 느낀다. 결과에 대한 이성적 판단은 종종 뒤로 미뤄진다. '혹시 잘못된 것은 아닐까' 라는 우려보다 남들과 다른 길을 가는 데 대한 두려움이 더 크기 때문이다. 비범함을 추구하려면 '남들만큼 하면 중간은 간다' 는 낡은 사고부터 버려야 한다.

남다른 생각이 남다른 열매를 맺는다

사업이 망하는 이유는 여러 가지가 있지만 특히 다른 이들의 전철을 그대로 밟는 것이 큰 이유가 된다. 10명이 경쟁하는 시장에 똑같은 아이템을 들고 뛰어들어 봐야 경쟁만 격화될 뿐 성공을 꿈꾸기는 어렵다. 비록 경쟁자를 물리친다고 해도 그에 따른 보상은 크지 않다.

세일즈맨으로 출발해 굴지의 기업을 일궈낸 윤석금 웅진그룹 회장은 이 같은 사업의 속성을 누구보다 잘 이해하고 있었다. 윤 회장은 경영이 어려움에 봉착할 때마다 남다른 생각으로 남과 다른 길을 걸었고 그 결과 모두가 부러워하는 결실을 얻었다. 그는 어려웠던 집안 형편 탓에 돈에 대해 유달리 강렬한 욕구를 가지게 됐다. 얼마 안 되는 봉급에 목을 매는 월급쟁이 인생에서 벗어나고 싶었던 그는 영국 브리태니커 백과사전의 한국지사 세일즈맨으로 취직했다. 앞서 벌였던 사업에서 실패를 하긴 했지만 물건을 팔아본 경험을 쌓았던 덕분에 이곳에서 빠르게 두각을 나타냈다. 입사 후 1년 만에 본사로부터 '세계 최고의 세일즈맨'이라는 평가를 받으며 판매왕에 선정됐다. 이후에도 탁월한 판매 성과를 올리며 승승장구한 그는 30대 초반에 임원으로 승진하며 출판계의 주목을 받았다.

이 정도면 상당수 사람들은 성공을 자축하면서 현재에 안주하기 쉽다. 고생 끝에 온 낙을 버리고 굳이 새로운 길을 택할 이유가 없다는 생각에서다. 하지만 윤 회장의 꿈은 더 큰 곳을 향하고 있었다. 회사 생활이 주는 안정적인 삶보다 어린 시절부터 소망했던 사업가에 훨씬 매력을 느꼈다. 리스크가 큰 모험이었지만 10년 가까이 세일즈로 다져진 내공이 든든한 용기가 됐다. 그는 부사장 자리를 제시하는 회사의 만류를 물리치고 1980년 자신의 꿈을 좇아 사업에 나섰다.

윤 회장은 국내 최대의 출판사를 목표로 회사를 차리고 인재를 찾아 나섰다. 하지만 이제 갓 설립된 신생회사에 선뜻 들어오겠다는 사람은 없었다. 고민 끝에 색다른 묘안을 떠올렸다. 기존 출판계 인력 대신 학생운동을 하다 제적을 당했거나 자퇴를 하는 바람에 취직을 못하고 있던 명문대 출신들을 과감히 채용했다. 어찌 보면 도박이었지만 효과가 있었다. 갈 곳 없던 우수 인력들은 그 어떤 출판사의 편집인력 못지않은 능력을 발휘했다.

윤 회장이 출판사를 차렸을 무렵 아동서적 시장에는 번역물이 판을 치고 있었다. 그는 기존 시장에 나와 있는 것과 똑같은 책을 내봐야 성공하기 어렵다고 판단했다. 대신 우리나라의 전통적인 모습과 이야기를 담은 어린이 전집을 펴내기로 했다. 업계 관계자들은 무모하다 비웃었지만 그는 과감히 도전을 택

했다. 판매원을 고학력 여성으로 모집한 것도 전에 없던 시도
였다. 판매에 전문성을 갖추는 한편 자녀용 서적 구매의 결정
권을 쥐고 있는 어머니 층을 공략하기에 적합하다는 판단에서
였다. 도전은 대박으로 화답했고 윤 회장은 사업 기반을 탄탄
히 다질 수 있었다.

그는 학습지 사업으로 발을 넓히면서 본격적인 성장가도에
들어서자 사업 무대를 정수기, 음료 등으로 확대했다. 물론 위
기도 겪었다. 1997년 외환위기와 더불어 회사의 주력상품이었
던 정수기 판매가 크게 줄었다. 남들 같으면 사업 자체가 어려
운 상황에서 부진한 사업 하나쯤은 쉽사리 포기할 상황이었다.
그러나 윤 회장은 또다시 획기적인 도전에 나섰다. "팔 수 없으
면 빌려주라"는 발상의 전환 중 하나로 정수기 렌탈제라는 세
상에 없던 시스템을 선보인 것이다. 소비자들이 부담스러운 가
격 때문에 제품을 사지 않으니 싸게 빌려주자는 발상이었다.
"누가 정수기를 빌려써?"라는 업계의 비웃음이 쏟아졌다. 주변
여건도, 소비자 반응도 불확실한 모험이었지만 그는 또다시 주
사위를 던졌다. 결과는 기대 이상이었다. 매년 2배 이상 매출
이 증가하는 경이적인 성과를 낸 것이다. 성공의 여신이 도전
하는 자에게 활짝 미소 짓는 순간이었다.

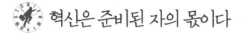

혁신은 준비된 자의 몫이다

고노이케 신로쿠는 17세기 에도시대 일본 오사카에서 활동했던 거상이다. 건설업에서 시작해 양조장, 해운업, 창고업 등으로 막대한 부를 쌓았다. 그가 후대에 길이 기억되는 거상으로 자리 잡게 된 것은 일본 최초의 청주로 알려진 '아이오이'를 만들어 팔면서였다.

건설업으로 돈을 모은 신로쿠는 양조장을 차렸다. 당시 일본의 술은 모두 탁주였다. 뿌연 색깔에 신맛이 도는 탁주는 그리 좋은 술이라 하기는 어려웠다. 후발 술도가로 나선 신로쿠는 경쟁자들을 물리치려면 맛과 향이 뛰어난 새로운 술이 필요하다고 여겼다. 맑고 깨끗한 술을 만들기 위해 그는 온갖 실험을 거듭했다. 탁주를 종이에 걸러도 보고 술지게미를 골라내보기도 했지만 아무리해도 원하는 만큼 맑은 술은 얻을 수 없었다.

어느 날 신로쿠는 평소 일하는 태도가 불량했던 일꾼을 크게 나무라게 됐다. 자기 일을 제대로 하지 않는 것은 물론 동료들과도 툭하면 마찰을 빚던 자였다. 다음날 그 일꾼은 온데간데없이 사라졌다. 평소 행동거지로 보아 전날 야단을 맞은 데

앙심을 품고 해코지를 했으리라는 걱정에 신로쿠는 허둥지둥 양조장으로 달려갔다. 불길한 예감대로 술독 주변에는 깨진 바가지와 뿌연 가루가 여기저기 널려 있었다. 문제의 일꾼이 분풀이로 술독에 잿물을 잔뜩 쏟아 부은 것이었다.

낙심천만해 술독을 들여다보던 신로쿠는 눈을 비볐다. 독 안에 바닥까지 보일 정도로 맑은 술이 담겨 있었기 때문이었다. 신로쿠는 당장 술을 찍어 맛을 봤다. 이것이 웬일인가. 탁주에 없는 단맛이 감돌아 목넘김이 훨씬 부드러웠고 향도 탁월했다. 그가 그토록 원했지만 만들지 못했던 바로 그 술이었다. 숱한 시행착오를 거쳤던 신로쿠는 맑은 술이 만들어진 비밀을 금세 알아챘다. 잿물이 술지게미를 응집시켜 바닥에 가라앉히면서 술이 맑아진 것이다. 전화위복이었다.

맑은 청주 제조법을 알아낸 신로쿠는 일정한 맛과 향기, 투명도를 갖춘 술을 만드는 매뉴얼을 만들어나갔다. 이렇게 태어난 일본 최초의 청주는 시장에 내놓는 즉시 날개 돋친 듯 팔려 나갔고 얼마 안가 전국적인 인기 상품이 됐다.

신로쿠가 새로운 술을 개발한 것은 우연한 기회를 통해서였다. 직원이 악심으로 행한 일이 결과적으로 엄청난 부의 문을 열어준 셈이니 운이 좋았다고도 할 수 있다. 그러나 그가 남들하는 대로 탁주를 만들어 돈이나 벌고자 하는 사람이었다면 어떠했을까. 분명 새로운 술의 가치를 알아보지 못한 채 잿물로 술이 못쓰게 됐다며 내다 버렸을 것이다. 획기적인 술을 만들 수 있는 기회가 찾아왔을 때 이를 재빨리 포착할 수 있었던 것은 신로쿠가 '준비된 사람'이었기 때문이다. 준비된 자만이 기회의 가치를 알아볼 수 있다.

개척자보다 첫 번째 후발주자가 안전하다

차별화를 추구할 때 유념할 사항이 있다. 남과 다르다는 것이 분명 장점이기는 하지만 시대를 너무 앞서가는 생각으로는 당대에 성공하기 어렵다. 사람들의 생각은 19세기 수준에 머물러 있는데 21세기에 적합한 생각과 물건을 내놓는다면 손가락질이나 당하게 된다. 현재 전 세계 미술 애호가들의 사랑을 받고 있는 빈센트 반 고흐의 그림은 그의 생전엔 엉망진창이라는 혹독한 평가를 받아야 했다. 지금은 천재로 인정받는 작가 이상이 평생 미친 사람으로 치부된 것처럼 말이다. 동시대인들을 대상으로 성공을 거두려면 개척자poineer보다는 첫 번째 후발주자first follower의 길을 택하는 것이 효과적이다. 일견 비겁해보이기도 하지만 현실에서는 후발주자 1호가 빛을 볼 확률이 높다.

2009년 전 세계를 위협한 신종플루는 생활용품 업계의 희비를 갈랐다. 신종플루가 확산되자 보건 당국은 손을 잘 씻으면 감염을 줄일 수 있다고 발표했고 덕분에 손세정제는 가정과 공중화장실의 필수품으로 부상했다. 사실 신종플루 사태가 터지기 이전 손세정제의 국내 판매량은 연간 85억 원에 불과했다. 화장품과 비누 같은 세정제 판매가 연간 8조 원 정도 팔리는 것에 비하면 아주 미미한 규모다. 비누를 두고 굳이 세정제로 손을 닦을 필요성을 느끼지 못했기 때문이다.

당시 A사는 먼 미래를 내다보고 손세정제를 만들어 팔았다. 국민 소득수준으로 봤을 때 향후 소비가 늘어날 것이라는 판단이었다. 개척자였던 셈이다. 하지만 판매는 극도로 부진했고 회사경영에 조금도 도움이 되지 않는다는 안팎의 지적이 일면서 경영진은 제품생산을 중단하고 말았다. 신종플루로 손세정제 수요가 폭발하기 꼭 1년 전의 일이었다. 1년 후 A사는 경쟁사들이 폭주하는 주문에 행복한 비명을 지르는 광경을 그저 바라볼 수밖에 없었다.

B사는 손세정제의 소매 판매권을 갖고 있었다. 미래 시장을 내다보고 판매권을 5년 넘게 유지하면서 마케팅 기반을 닦아 왔지만 역시 매출이 좀처럼 오르지 않자 2009년 초 다른 기업에 판매권을 넘겨버렸다. 그로부터 몇 달 안가 신종플루가 퍼졌고 B사 역시 매출이 2배로 껑충 뛰어오른 타사의 행운을 그저 속만 태우며 지켜봤다.

반면 C사는 천운을 만났다. 신종플루 창궐 1년 전부터 프리미엄 손세정제 출시를 준비했던 이 회사는 손세정제 주문량이 전년보다 최대 9배나 늘어나면서 최대의 수혜자로 부상했다. 뒤늦게 뛰어든 대신 더 고급스런 제품을 내놓겠다는 경영진의 전략은 예상치 못한 변수와 맞물려 폭발적인 효과를 냈다. 물건이 부족할 정도로 판매가 잘됐음은 물론이다.

그렇다면 A사와 B사 경영자는 무능한 것일까? C사 경영자의 능력이 탁월한 것일까? 그렇게 보긴 어렵다. 신종플루라는 예상 밖의 변수가 발생하지 않았다면 아마 상황은 정반대가 됐을 것이다. A사와 B사 경영자는 수익을 내지 못하고 비용만 갉아먹는 사업을 결단력 있게 정리했다는 평가를 받았을 것이고,

C사의 경영자는 시장 트렌드를 제대로 읽지 못하고 무모하게 시장에 뛰어들었다는 비난에 시달렸을 것이다. 하지만 현재의 평가는 때마침 터져준 신종플루 사태에 따라 정해졌다.

개척자는 힘들고 때론 아무런 보상도 받지 못한다. 그러나 그 뒤를 따르는 첫 번째 추종자는 개척자가 닦아 놓은 기반에 동승해 조금은 안전하게 과실을 챙길 수 있다. 실패가 두렵다면 개척자보다 후발주자 1호가 되는 것도 현명한 방법이다.

실패는 오케이
패배는 노케이

실패는 실패일 뿐이다

살다보면 실패는 피할 수 없다. 모든 일이 생각대로 술술 풀리면 좋겠지만 세상사란 내 마음 같지 않은 법이다. 혼신을 바쳐 매달려도 아무런 성과를 얻지 못하는 경우도 비일비재하다.

사실 실패 자체는 큰 문제가 안 된다. 이번에 실패했으면 다음에 잘하면 그만이다. 문제는 그 파장이 오래갈 때다. 한 번 실패하곤 스스로를 '패배자'로 낙인찍는 사람들이 의외로 많다. 제3자의 눈에 '그 사람'의 실패는 그저 일이 뜻대로 되지 않고 불발로 끝난 일일 뿐이다. 시간이 지나면 '그 사람'이 일을 그르쳤다는 사실조차 잊어버린다. 하지만 정작 실패의 당사자들은 그 의미를 확대해석하기 일쑤다. 실패의 경험에

사로잡혀 매사에 주눅이 들고 의기소침해지다 못해 스스로 무능하다는 두려움에 젖는다. 실수가 잦아지고 실패가 늘어나고 좌절이 반복된다. 결국 재기가 어려운 '패배'의 상태로 빠져든다.

1만 시간의 법칙을 실천하려면 실패의 영향권에서 빨리 벗어나야 한다. A라는 일을 그르치더라도 B, C, D로 이어지는 이후의 도전 과제와는 별개 사안으로 여길 수 있어야 한다. 최고의 반열에 오른 이들은 실패의 여파를 차단하는 데 능한 것이 특징이다. 실패가 좌절로, 패배로 이어지는 나쁜 고리를 만들어내지 않는 것이다. 오히려 실패를 성공의 디딤돌로 삼는다.

소설 '해리 포터' 시리즈로 세계적인 베스트셀러 작가가 된 영국의 조앤 K. 롤링이 대표적인 사례다. 해리 포터 시리즈가 전 세계적으로 3억 부 이상 팔리면서 롤링은 부와 명예를 동시에 거머쥐었다. 2008년 한 해 수입만 3억 달러. 영국 여성 중 가장 많은 액수다. 그뿐인가. 국위를 선양하고 아이들에게 꿈을 심어준 공로로 영국 여왕이 수여하는 작위를 받았고 콧대 높기로 유명한 미국 하버드대에서 명예문학박사 학위를 받기도 했다. '베스트셀러 작가'라는 수식어론 모자란 실로 눈부신 성공이다.

그녀의 성공은 바닥을 치고 일어나 거머쥔 것이라는 점에서 더욱 두드러진다. 30세를 훌쩍 넘길 때까지 롤링의 삶은 실패의 연속이었다. 대학에서 불문학을 전공한 그녀는 졸업 후 한 회사에 비서로 취직했지만 업무가 서툴다는 이유로 얼마 안가 해고당하고 말았다. 이후 포르투갈로 건너가 영어강사 자리를 얻었고 현지에서 만난 남자와 결혼해 새 출발을 꿈꿨지만 신혼의 달콤함은 오래가지 못했다. 남편의 폭력을 피해 고향인 에든버러로 돌아온 그녀가 가진 것이라곤 배 속에 든 아기와 간신히 제몸뚱이 하나 눕힐 만한 초라한 방 한 칸이 전부였다.

하지만 롤링은 극한 고난과 실패 속에서도 좌절하지 않았다. 이혼녀이자 싱글맘으로 정부 보조금으로 근근이 연명을 해나가면서도 오래 전부터 키워온 꿈을 접지 않았다. 바로 동화 작가의 꿈이었다. 어려서부터 이야기를 지어내는 능력이 출중하고 글쓰기를 좋아했던 그녀는 동화를 쓰고 싶다는 열망을 현실로 옮기기 시작했다. 이것이 바로 '해리 포터' 이야기다. 하지만 무명작가가 쓴 '황당한' 마법 판타지 원고를 받아주는 출판사는 없었다. 거듭되는 퇴짜 끝에 마침내 한 출판사에서 출간을 수락했고 드디어 극적인 성공이 찾아왔다.

소설보다 드라마틱한 롤링의 인생역전에는 물론 운도 작용했다. 하루에도 수천 권씩 쏟아지는 신간 소설 속에서 해리 포터 시리즈가 전 세계를 무대로 '공전의 대박'을 낸 데는 필시 '운발'이 따라줬을 것이다. 하지만 중요한 것은 그 운이 저절로 오지 않았다는 점이다. 인생의 바닥까지 내려가자 비로소 대운을 받아들일 준비를 할 수 있었던 것이다. "실패를 통해 나는 진정한 자신과 대면했고, 진정 원하는 것을 찾았으며 집중할 수 있었다. 또한 갖은 실패로 밑바닥까지 떨어지면서 인생을 새로 세울 수 있는 가장 단단한 기반을 얻게 됐다"는 그의 고백은 실로 의미심장하다.

'실패의 미덕'은 롤링의 어머니가 물려준 유산이기도 했다.

롤링이 15세가 되던 해 그녀의 어머니에겐 다발성 경화증이 찾아왔다. 다발성 경화증은 별다른 치료법도 없이 전신으로 마비가 확산돼 심한 경우 목숨을 잃게 되는 무서운 질환이다. 하지만 어머니는 조금도 좌절하지 않고 학교 실험실 보조교사로 계속 일했다. 건강이 악화돼 일을 더 이상 할 수 없게 된 이후에도 교회 청소 같은 봉사활동을 멈추지 않았다. 언제나 늘 웃는 얼굴로 활기를 잃지 않았던 어머니는 45세의 나이로 세상을 떠났다. 롤링은 불치병에 걸리고도 생의 의지를 포기하지 않았던 어머니를 지켜보며 실패가 결코 패배가 아님을 마음깊이 새길 수 있었다.

2008년 6월. 롤링은 하버드대 졸업생 대상 축사 강단에 서서 이렇게 말했다. "누구든 살면서 실패는 피할 수 없습니다. 하지만 실패가 두려워 아무것도 하지 않는다면 시작하기도 전에 패배한 것이나 다름없습니다. 실패는 우리를 더욱 강하고 현명하게 만들어줍니다."

실패는 실패로 끝내라. 그리고 그 경험을 다음 발로 내딛을 수 있는 에너지로 삼아라. 이것이 롤링이 전 인생을 통해 들려주는 교훈이다.

🕐 흘러간 과거는 잊어라

영어 속담에 'Let by gones be by gones' 라는 말이 있다. '흘러간 것은 흘러간 대로 두라' 는 의미다. 영문법 책에 자주 등장하는 속담이지만 성공을 위한 필수 조언으로도 새겨둘 만한 명문이다.

실패든 성공이든 지나간 일에 대한 집착은 패배로 가는 지름길이기 때문이다. 실패한 과거에 연연하는 사람은 새로운 도전을 두려워한다. 성공한 과거에 사로잡힌 사람은 타성에 빠지고 변화의 중요성을 간과하기 쉽다. 두 경우 모두 패배가 쳐 놓은 덫에 빠진 것이다.

미국 스탠퍼드대 심리학 교수인 캐럴 드웩Carol S. Dweck 박사는 컬럼비아대 연구진과 공동으로 칭찬과 실패의 영향력을 연구했다. 뉴욕의 20개 초등학교 학생 400여 명에게 비교적 쉬운 문제를 주고 풀게 했다. 이후 아이들을 '지능'을 칭찬하는 그룹과 '노력'을 칭찬하는 두 그룹으로 나눠 시험점수에 대해 칭찬을 한 마디씩 덧붙였다. 즉 지능그룹에게는 높은 점수와 똑똑함을, 노력그룹에는 열심히 노력했다는 점을 칭찬의 강조점으로 삼았다. 그런 다음 아주 어려운 문제를 주고 또 한 번 풀게 했다. 앞서 점수와 지능을 칭찬받은 아이들은 시험이 너무 어려웠다며 낙심한 반면, 과정과 노력을 칭찬받은 아이들은 해볼 만한 시험이었다며 오히려 자신감을 보였다.

시험을 치른 뒤 두 그룹의 학생들에겐 다른 학생의 시험지를 볼 수 있는 기회가 주어졌다. 이때 결과를 칭찬받았던 학생들은 자신보다 점수가 낮은 학생의 시험지를 택했고, 과정을 칭찬받았던 아이들은 자신보다 점수가 높은 학생의 시험지를 고르는 경향이 나타났다. 지능그룹 학생들이 자신보다 못한 경우를 보며 위안을 삼으려 한 것에 비해 노력그룹 학생들은 자신이 실패한 원인을 깨닫고 더 잘할 수 있는 방법을 알고 싶어 했던 것이다.

마지막 시험은 첫 번째 시험과 난이도가 비슷했다. 이 결과 노력그룹 학생들의 평균점수는 처음보다 30% 이상 뛰어올랐다. 실패를 기꺼이 받아들이고 이를 자기발전의 발판으로 삼은 결과 실력이 크게 향상됐던 것이다. 하지만 지능그룹 학생들의 평균 점수는 20%가량 떨어졌다. 실패의 경험으로 패배감을 갖게 됐기 때문이다. 실패한 경험에 집착할 때의 부정적인 영향을 단적으로 보여주는 결과다.

과거의 성공에 집착하다 몰락한 사례는 기업경영에서 흔히 볼 수 있다. 미국 최대 자동차 업체 GM, 사진필름의 명가 이스트먼 코닥, 대중잡지의 대명사 리더스 다이제스트가 대표적이다. 이들 3개 기업은 한때 전 세계를 주름잡으며 승승장구했다. 세계 시장을 호령하며 '영원한 1등'을 놓칠 것 같지 않았지만 이제 화려한 영광은 모두 지나간 과거가 됐다.

GM은 경쟁기업의 추격을 과소평가했고, 코닥은 디지털 카메라로 대변되는 시대적 변화를 간과했으며, 리더스 다이제스트는 인터넷 시대란 대세에 적응하지 못했다. 경쟁사의 약진에 시장에서 점차 밀려난 이들은 이젠 기업생존을 걱정하는 초라한 신세로 전락했다.

잘나가던 거대기업이 패망하는 과정을 지켜본 경영학자들은 이렇게 설명한다. A라는 기업이 뛰어난 경영전략과 우수한 인력, 설비에 힘입어 경이적인 성장을 지속한다. 그 결과 세계 시장을 지배하는 일류기업으로 우뚝 선다. 그런데 이때부터 문제가 시작된다. 그간의 성공에 취한 나머지 '변화'를 도외시하게 된다. 지금껏 잘됐으니 앞으로도 잘될 것이라는 근거 없는 낙관이 조직 곳곳에 스며든다. 여기에 일정기간 경영성과가 받쳐주면 낙관은 확신으로 굳어진다. 과거를 답습하며 현실 안주에 빠져든다. 경영진은 '왕년의 영광'에 기대다 보면 권위적인 리더십으로 치닫게 된다. 혁신은 점점 멀어지고 기업은 몰락을 향해 간다.

잊지 말자. '완성된 성공'은 없다. 한 번의 성공은 또 다른 성공을 향한 과정일 뿐이다. '왕년'에 사로잡힌 이들에게 주어지는 열매는 쓰디쓴 패배다.

아이팟과 아이폰으로 돌풍을 일으킨 애플의 최고경영자 스티브 잡스의 성공담도 앞의 교훈을 고스란히 담고 있다. 성공에 대한 집착으로 몰락했지만, 실패를 인정하고 새 출발한 결과 보란 듯이 재기에 성공했다.

20세라는 젊은 나이에 애플컴퓨터를 창업한 잡스는 개인용 컴퓨터라는 획기적인 제품을 성공적으로 출시하면서 일약 IT 업계의 기린아로 떠올랐다. 컴퓨터 대중화라는 새로운 패러다임을 이끌어낸 그는 이후 내놓는 제품마다 히트를 기록하며 성공가도를 내달렸다. 하지만 성공의 길엔 어김없이 함정이 기다리고 있었다. 획기적 기술로 세상을 제패했으나 갈수록 첨단기술 맹신에 빠져들었던 것이다. 1984년 현란한 기술을 앞세워 출시한 매킨토시 컴퓨터가 실패로 돌아가면서 처음으로 시련에 봉착한다. 기술에 매몰돼 사용자 편의를 고려하지 않았다는 평가가 들려왔지만 잡스는 "고객들이 좋은 기술을 알아보는 안목이 없다"며 시장의 목소리에 귀를 닫았다. 급기야 애플 CEO 자리에서 쫓겨난 잡스는 넥스트큐브라는 새로운 컴퓨터를 내놓았지만 이 역시 시장에서 철저하게 외면당했다. 화려한 성공의 경험이 자만과 독선을 키웠고 이것이 참담한 실패로 귀결될 수밖에 없었다.

여기에서 이야기가 끝났다면 그는 세계 경영사에 성공의 정점에서 추락한 패배자로 기록됐을 것이다. 하지만 바닥까지 떨어진 잡스는 분골쇄신을 택했다. 기술만능 대신 사용자 편의로 눈을 돌린 것이다. 이렇게 만들어진 제품이 MP3 플레이어의 혁신으로 불리는 아이팟이다. IT 전문가들에 따르면 아이팟의 기술력은 특별할 것이 없다. 기존에 개발된 MP3 기술을 활용한 데다 이미 비슷한 제품이 나와 있기까지 했다. 하지만 잡스는 기존 기술에 사용자 편의 극대화라는 차별적 가치를 더했다. 이용자들이 디지털 음악을 손쉽게 구입할 수 있도록 음원 콘텐츠도 강화했다. 결과는 대성공이었다. 편리한 기능, 다양한 콘텐츠로 무장한 아이팟은 애플이라는 친숙한 브랜드를 덧입고 MP3 플레이어 시장을 평정했다. '소니 워크맨 이후 가장 성공한 전자제품'이라는 왕관도 썼다.

잡스의 새 도전은 여기서 멈추지 않았다. 이번에는 휴대폰 시장을 겨냥한 비장의 제품을 선보였다. 바로 아이폰이었다. 출시되자마자 스마트폰의 대명사로 자리 잡은 아이폰은 따로 설명서를 읽지 않아도 이용자들이 바로 제품을 사용할 수 있는 편리한 디자인이 특징이다. 또 이용자들이 스스로 제품에서 구동할 수 있는 프로그램을 올려 거래하는 혁신적인 네트워크(앱스토어)도 독보적인 경쟁력을 더하고 있다.

이와 관련 미국 경제지 〈포천〉은 2009년 11월 '최근 10년의 최고 CEO'로 잡스를 선정하며 "잡스가 지난 10년 IT산업을 사실상 지배해왔다"고 평가했다. 지나간 성공을 잊고 지나간 실패를 발판으로 삼아 이뤄낸 '화려한 부활'이었다.

🕊️ 능력의 신격화는 몰락의 전주곡

기업은 탄생에서 몰락까지 일정한 단계를 거친다. 기업이 처음 설립된 신생기에는 경영자나 직원 모두 강한 의욕으로 회사 성장에 전력을 다한다. 이어지는 발전기에는 경영자의 리더십 하에 회사가 발전을 거듭한다. 경영자는 내부의 비판을 적극 받아들여 급변하는 환경에 발 빠르게 적응한다. 성숙기에는 꾸준히 성과를 낸 경영자의 카리스마가 회사 기반을 훨씬 탄탄하게 다진다. 직원들은 경영자의 리더십에 충실하게 따르고 회사는 더 성장한다.

문제는 이 때부터다. 경영자의 카리스마에 압도된 직원들은 좀처럼 비판의 목소리를 내거나 문제제기를 하지 못한다. 꼭 필요한 조언을 하는 것도 점점 어려워진다. 이런 시기가 지속되면 기업은 쇠퇴기로 접어들게 되고 경영자가 카리스마를 발휘하는 차원을 넘어 신격화된다. 신격화 단계에서는 절대적인 믿음이 요구될 뿐 비판은 용납되지 않는다. 경영자의 말이 곧 조직의 법이 되고 경영자 주위에는 오로지 '예스맨' 만 남는다. 비판과 조언이 실종되고 경영자의 독단과 명령으로 회사가 운영되면서 점차 외부 변화에 둔감해진다. 결국 유연성이 떨어지고 작은 외부 충격에도 기반이 붕괴돼 몰락의 길로 빠진다.

개인 역시 이 같은 능력의 신격화 함정에서 자유롭지 않다. 오랜 연습을 거쳐 성취를 이루고 자신감을 얻은 후에는 스스로의 능력을 과신하기 쉽기 때문이다. 자신의 능력을 신격화하며 과거의 성공이 미래에도 계속되리라 기대한다. 또한 능력에 대한 조언이나 건전한 비판을 멀리하게 된다. 듣고 싶은 말, 믿고 싶은 정보만 취하다 보면 무모한 결정을 피할 수 없다. 성공한 사람들이 정점에서 어이없이 추락하는 것은 이와 같은 신격화의 위험을 피하지 못했기 때문이다. 물론 이 경우에도 신격화를 극복하면 실패를 털고 일어날 힘을 얻을 수 있다.

30대 재력가에서 수십억 원대의 빚더미에 오른 실패자로, 그리고 다시 연매출 1,000억 원을 바라보는 사업가로 중소기업을 운영하는 최인철(가명) 사장의 인생역정은 성공과 자만이 불러온 실패에 빠진 후 철저한 자기반성으로 이를 극복한 한 편의 드라마다. 30대 무렵 신발용품 회사에 다니던 최 사장은 우연한 기회로 금연파이프를 팔아 큰돈을 쥐게 됐다. 사업에 자신감을 얻은 그는 식품회사를 세우고 달팽이 양식 사업에 뛰어들었다. 회사는 순풍에 돛단 듯 성장했다.

그러나 쉽게 얻은 성공이 화근이 됐다. 무엇이든 손만 대면 성공한다는 과신에 빠진 최 사장은 식품사업 외에 찜질방, 황토방 체인으로 사업을 무차별 확장하기 시작했다. 그런 와중에 1997년 외환위기가 닥쳤다. 마구잡이로 벌려놓은 사업 탓에 날로 자금압박이 가중됐고 경영은 위기에 처했다. 최 사장은 이 회사에서 저 회사로 자금을 돌려가며 어려움을 넘겨보려 뛰었지만 역부족이었다. 사업체는 하나씩 무너져갔다. 결국 그는 20억 원이 넘는 빚을 짊어진 채 거리로 나앉았다. 최 사장은 사채업자의 빚 독촉을 피해 여관을 전전했고 남은 가족들은 생계가 막막해졌다. 하지만 그대로 주저앉진 않았다.

바닥까지 추락한 그는 우선 자신을 냉정히 돌아보게 됐다. 실패의 이유를 철두철미하게 분석했다. 원인은 자만이었다. 본업이 아니고 잘 알지도 못하는 분야에 자신의 운과 능력만 믿고 손을 댔던 것이었다. 모든 것을 잃은 뒤 얻은 통한의 교훈이었다. 그는 가진 돈을 긁어 모았다. 200만 원이 채 안 되는 돈이었다. 뭔가를 해보기엔 턱없이 부족했지만 그에게 남겨진 마지막 희망이었다. 자신이 가장 잘 아는 건강식품으로 승부를 걸기로 했다. '못 팔면 죽는다'는 각오로 버스, 지하철에 새벽부터 밤까지 제품 광고전단을 돌리기 시작했다. 공장과 판매소를 오가는 비행기 안에서도 사람들의 눈총을 받아가며 제품광고 전단을 뿌렸다. 죽을 각오로는 못할 것이 없다 했던가. 뼈를 깎는 노력은 조금씩 결실을 맺었다. 제품 주문이 서서히 늘기 시작했고 오래지 않아 사업은 빠르게 본궤도에 올랐다. 결국 다시 출발한 지 2년이 안 돼 빚을 모두 갚을 수 있었다. 현재 그의 회사는 연 매출 1,000억 원을 바라보는 수준까지 성장했다.

최선과 최악을 동시에 보라

미처 예상하지 못한 나쁜 결과는 큰 충격을 준다. 사태를 예상하고 있다면 미리 각오를 하고 대비책을 마련할 수 있지만 넋놓고 당하는 경우 그 파장은 크다. 예상하지 못한 좋은 결과도 자칫 사람을 망칠 수 있다. 뜻밖의 성공이나 횡재는 마치 그것을 자신의 능력으로 이룬 것 같은 착각에 빠지게 만든다. 이는 기고만장으로, 다시 무모한 만용으로 이어지기 쉽다.

하지만 실패와 성공의 위험을 예방하는 것은 그다지 어렵지 않다. 마음속으로 미리 결과를 시뮬레이션 해두는 것이다. 어떤 일을 할 때 최선과 최악의 시나리오를 동시에 그려보라. 사업가라면 큰 거래를 추진할 때 거래를 성사시키기 위해 최선을 다하고, 이뤄졌을 경우를 가정해서 이후를 준비해둔다. 동시에 거래가 결렬될 경우도 대비하는 것이다. 면접을 마치고 결과를 기다리는 취업준비생이라면 합격과 탈락의 가능성을 함께 열어둔다.

이처럼 양 극단의 경우의 수를 모두 고려하면 어떤 결과가 나오더라도 그에 따른 여파를 쉽게 감당할 수 있다. 최악의 사태가 빚어지더라도 좌절하지 않고, 최선의 상황을 얻더라도 자만하지 않을 수 있다.

주변을 보라. 한 분야에서 일가를 이룬 이들은 쉽게 들뜨지도 쉽게 좌절하지도 않는다. 그들이 평정심을 유지할 수 있는 비결은 최선과 최악의 시나리오에 늘 대비함으로써 결과가 가져오는 파장에 흔들리지 않는 데 있다.

1만 시간의 법칙

초판 1쇄 발행 2010년 2월 25일 초판 57쇄 발행 2024년 7월 26일

지은이 이상훈 펴낸이 최순영

출판2본부장 박태근
W&G팀장 류혜정

펴낸곳 (주)위즈덤하우스 출판등록 2000년 5월 23일 제13-1071호
주소 서울특별시 마포구 양화로 19 합정오피스빌딩 17층
전화 02) 2179-5600 홈페이지 www.wisdomhouse.co.kr

ISBN 978-89-6086-237-1 13320